Vorwort	7

I. Einleitung	9
1. Azteken – Identität und Identifikation	9
2. Die Geschichtsquellen – absichtsvolle Erzählungen	11

II. Die Welt der Azteken	16
1. Das Land	16
2. Das Reich der Colhua' Mexi'ca'	18
3. Tenochtitlan, Tetzcoco und Tlacopan	23
4. Die Hauptstadt Tenochtitlan	29
5. Ein Gewebe mit Löchern – Die Struktur des Reiches	34
Wirtschaft 41	
6. Das Oben und Unten – Die gesellschaftliche Ordnung	45
Der Adel 46 – Herrscher 48 – Die Nicht-Adligen 49	
7. Damit die Welt besteht – Religion und Kult	53
8. „Steinzeit" mit anderem Gesicht – Aztekische Technik	57

III. Mythen und Sagen der Vorzeit	60
1. Die mythische Geschichte – Die Urheimat Aztlan	60
2. Die erklärenden Sagen – Huitzilopochtli	64
3. Die usurpierten Ahnen – Tollan	65
4. Nachbarn und Nachfolger der Tolteken	70
5. Die Gründung von Tenochtitlan	74

IV. Geschichte als Erklärung	77
1. Die ersten Schritte	77
2. Der Griff nach dem tepanekischen Erbe – Itzcoatl	82

V. Auf dem Gipfel der Macht 89

1. Die expansive Phase – Motecuzoma I 89
2. Krieg ohne Ende – Axayacatl 94
3. Bis zu den fernsten Grenzen – Ahuitzotl 98
4. Die Ruhe vor dem Sturm – Motecuzoma II 101

VI. Unvorstellbare Wirklichkeit – Die Conquista 106

1. Die Eroberung Mexikos durch Cortés. 106
2. Glücksritter und Despoten –
   Die Jahre nach der Conquista 115
3. Die neue Ordnung –
   Indianisches Leben in der Kolonie 118
4. Millenarische Szenarien – Die Mission 127
5. Ausblick. 131

Aussprache aztekischer Wörter 133

Literaturverzeichnis 134

1. Geschichtsquellen 134
2. Weiterführende verarbeitende Literatur 138

Register 142

Vorwort

Die Azteken treten in das Licht der europäischen Aufmerksamkeit genau zu dem Zeitpunkt, als durch die spanische Eroberung ihre eigenständige Geschichte zu einem abrupten Ende kam. Die Zeit davor verliert sich nach ein bis zwei Jahrhunderten zunehmend im Nebel von Sagen und Mythen. In der Zeit nach der Eroberung werden die Azteken wie die indianische Bevölkerung insgesamt an den Rand der kolonialen Gesellschaft gedrängt, ihre zuvor durch politische Strukturen ausgedrückte ethnische Gliederung verliert schnell an Bedeutung. Die zuverlässig faßbare Geschichte der Azteken – die sich selbst Mexi'ca', also Mexikaner, nannten – ist folglich kurz und beinahe punktuell.

Dieser Situation soll der Aufbau dieses Buches Rechnung tragen: Am Anfang steht die Schilderung des Zustandes, den die Spanier angetroffen haben und damit zugleich der Endpunkt der eigenständigen Entwicklung. Dies ist der am ausführlichsten bekannte Abschnitt der aztekischen Geschichte und der Stand ihrer Kultur, mit der sie in das Blickfeld des Europäers getreten sind. Anschließend geht der Blick zurück zu den Anfängen, zu Herkunft und Einwanderung der Azteken, die beide nur in Gestalt von Sagen und Mythen faßbar werden. Es folgt der geschichtliche Ablauf von der Phase ihrer ersten Ansiedlung über die Etappen der Errichtung und Ausdehnung ihres Reiches bis zu dem schon geschilderten Moment der Eroberung durch die Spanier, die anschließend als einschneidendes historisches Ereignis beschrieben wird. Danach wird die Rolle der indianischen Bevölkerung Zentralmexikos, in der die Azteken wie ihre Nachbarn aufgehen, bis zum Ende des 16. Jahrhunderts behandelt.

Mit anderen Worten: Einer Momentaufnahme der Endphase der aztekischen Kultur folgt die Nachzeichnung der aztekischen Geschichte von ihrer Urzeit bis zur Eroberung durch die Spanier und weiter bis in die Kolonialzeit.

Sowohl die historischen Quellen wie die Werke der analysierenden und interpretierenden Fachliteratur über die Azteken sind sehr zahlreich, die vertretenen Meinungen oft alles andere als einhellig. Deshalb ist es wesentlich, daß eine so kurzgefaßte Darstellung wie die hier gebotene durch Literaturhinweise ergänzt wird. Dies geschieht in einem Literaturverzeichnis, in dem die Quellen, die aus erster Hand über die Kultur und Geschichte der Azteken berichten, eingehender besprochen werden, während für die moderne Fachliteratur eine knappere, naturgemäß subjektive Auswahl getroffen werden mußte, in der vor allem Buchveröffentlichungen genannt werden.

Entsprechend dem Zuschnitt dieser Reihe werden die gemachten Aussagen nicht im einzelnen ihrer Herkunft nach belegt. Dies wäre oftmals auch schwierig, da vieles Eindrücke und Ergebnisse eigener Forschungen sind, die von der Einrichtung einer Datenbank zur Aztekischen Geschichte profitierten, welche mir die Deutsche Forschungsgemeinschaft ermöglicht hatte. Viele Überlegungen gehen auch auf ungezählte Konversationen im Kreis der Fachkollegen zurück (stellvertretend für alle nenne ich Dr. Nigel Davies, dessen Werk *„Die Azteken: Meister der Staatskunst – Schöpfer hoher Kultur"* unübertroffen ist) und ständigen Gedankenaustausches mit meiner Frau, Dr. Ursula Dyckerhoff, die ihr wissenschaftliches Leben vorzugsweise den Azteken gewidmet hat. Da Forschung niemals eine Einzelleistung ist, sondern immer – unabhängig davon, ob man ihre Meinung teilt oder ihr widerspricht – den Vorangehenden und Gleichzeitigen verpflichtet bleibt, sage ich allen aufrichtigen Dank.

Bonn, August 1995   *Hanns J. Prem*

I. Einleitung

1. Azteken – Identität und Identifikation

Wer waren die Azteken? Was wußten sie über sich selbst? Wie wollten sie sich selbst sehen und wie gesehen werden? Was glaubt die moderne Wissenschaft über sie herausgefunden zu haben? Und wie stehen die Azteken im Blick ihrer gegenwärtigen Nachkommen und ihrer Nachfolger in der Macht des zentralen Mexiko? Genauso vielschichtig die Fragen sind, so komplex erweisen sich auch alle Versuche einer Antwort, die notwendig ist für die Definition dessen, womit sich dieser Band beschäftigt. Diese Antwort darf nicht von romantisierender Verklärung, ideologisierender Überhöhung oder vermeintlich solidarischer Apologetik, wie sie in der Vergangenheit und Gegenwart immer wieder anzutreffen sind, verzerrt sein. Sie muß versuchen, der vergangenen Wirklichkeit so nah als irgend möglich zu kommen, sie sollte bemüht sein, sie aus ihrer Zeit heraus zu verstehen und zugleich mit den Mitteln und Begriffen der Gegenwart verständlich zu machen. Und sie muß im Bewußtsein gegeben werden, daß ihre Gültigkeit keine dauerhafte sein kann, sondern unvermeidlicherweise zeitgebunden ist, durch die Lücken der Erkenntnismöglichkeit und sicherlich auch manche Irrwege der Forschung beeinträchtigt. Dies alles muß dem Autor wie dem Leser jederzeit bewußt sein, wenn die Annäherung an die Azteken eine wissenschaftlich vertretbare und zugleich persönliche und einfühlsame sein soll. Wer, also, waren die Azteken, wer wollten sie sein und für wen hielten sie ihre Zeitgenossen, und was sagt die aktuelle Forschung hierzu?

Das Wort „Azteken" (Azteca' – zur Schreibung und Aussprache siehe S. 133) bezeichnet eigentlich die Bewohner eines mythischen Ortes (Aztlan), von dem die Bevölkerung der aztekischen Hauptstadt Tenochtitlan und ihrer Schwesterstadt Tlatelolco ihre Herkunft ableiteten (die heute inmitten der mexikanischen Hauptstadt liegen). Sie selbst bezeichneten sich gemeinsam als Mexikaner (Mexi'ca') oder jede für sich als Tenochca' und Tlatelolca'. Erst im 18. Jahrhundert hat der jesuitische Historiker Clavigero der Bezeichnung „Azteken" für das Volk, das das mächtige, von den Spaniern eroberte Reich getragen hat, allgemeine Geltung verschafft. Der Name hat sich seither anstelle des früher üblichen „Mexikaner" durchgesetzt, offenbar um eine Verwechslung mit dem modernen mestizischen Staatsvolk der Vereinigten Mexikanischen Staaten zu vermeiden.

Hier wird, wie heute üblich, unter Azteken im engeren Sinn die Bevölkerung des Beckens von Mexiko verstanden, soweit sie die aztekische Sprache (Nahuatl) sprach und sofern nicht eine präzisere Bezeichnung nach ihrem Wohnort erforderlich ist. Im weiteren Sinn umfaßte die aztekische Kultur auch die kulturell eng verwandte Bevölkerung der benachbarten Talregionen unabhängig von ihrer Zugehörigkeit zum aztekischen Reich. Diese Benennung entspricht auch dem erkennbaren Verständnis der Azteken selbst. Das „aztekische Reich" bezeichnet ein politisches Gebilde unter der Führung der Dynastie von Tenochtitlan, für das ein einheimischer Name nicht bekannt ist. Die Dynastie nahm für sich eine wohl kaum der Wirklichkeit entsprechende Abkunft vom Herrscherhaus der kleinen, aber prestigereichen Stadt Colhua'can am Ufer des Sees von Mexiko in Anspruch und benannte sich entsprechend Colhua' Mexi'ca'.

Die Namen der ethnischen und politischen Einheiten, der Orte und Personen einschließlich der Götter sowie die Titel lassen sich zumeist nach den Regeln des Nahuatl übersetzen. Davon wird hier bewußt kein Gebrauch gemacht, da einerseits die Übersetzungen keineswegs immer eindeutig und klar sind und andererseits zum Verständnis kaum etwas beitragen. Es führt jedenfalls in die Irre, aus einer Übersetzung auf Funktionen, historische Wurzeln und dergleichen schließen zu wollen. Daß so wichtige Namen wie Mexi'ca', Acolhua'can und Aztlan bisher allen Übersetzungsversuchen widerstanden haben, zeigt wie kompliziert der Sachverhalt ist.

2. Die Geschichtsquellen – absichtsvolle Erzählungen

Der turbulente und gewalttätige Moment der Conquista, in dem vor fast einem halben Jahrtausend das aztekische Reich, seine hergebrachte Kultur und die seiner Nachbarn in Blut und Seuchen untergingen, war nicht geeignet, uns mit verläßlichem Wissen zu versorgen. Die spanischen Augenzeugen waren überwältigt von all dem Neuen, Unerhörten, nie Gesehenen, das tagtäglich auf sie einstürmte, so daß sie ihren Augen nicht trauen wollten und es für Traumgebilde hielten: „Wir verharrten im Staunen und sprachen zu einander, daß das wie die Zauberdinge aussah, von denen in dem Roman des Amadís [de Gaula] die Rede ist . . . Und von den staunenswerten Dingen, die wir sahen, wußten wir nicht, was wir sagen sollten und ob es überhaupt Wirklichkeit war, was vor uns erschien" (Díaz del Castillo, cap. 87, 88). Und auch wenn ihnen das alte Mexiko bald nicht mehr unwirklich vorkam, ein tiefergehendes Verständnis konnte wegen der gewaltigen kulturellen Distanz und der kurzen Zeit, bevor alles in Flammen aufging und zu Schutt wurde, nicht entstehen. Außerdem hatten alle damals lebenden Personen – Indianer gleichermaßen wie Europäer – zutiefst andere Interessen als Geschichte zu schreiben, ihr Handeln war bestimmt von dem Wunsch zu überleben, von dem Streben, an der Macht zu bleiben oder diese zu gewinnen, von der Suche nach Gold und Reichtum und der ehrlich empfundenen Aufgabe, den wahren, den christlichen Glauben zu verbreiten. Was an schriftlichen Zeugnissen in dieser Zeit entstand, diente diesen Zielen und ist somit oft eher Quelle für die damaligen Absichten als für die einheimische Kultur und Geschichte.

Alle aus früheren Zeiten stammenden bilderschriftlichen Dokumente, in denen die Azteken ihre Geschichte und vieles andere ihrer Kultur aufgezeichnet hatten, wurden in der Verwüstung dieser Zeit zerstört. Anderes, vor allem religiöses Wissen, war mit seinen Trägern gestorben oder wagte sich nicht mehr an die Oberfläche. Dennoch, nur ein Jahrzehnt später schrieben erstmals Indianer aztekischer Herkunft in den neu erlernten lateinischen Buchstaben kurze Darstellungen ihrer eigenen Vergangenheit nieder. Einzelne der Conquistadoren hatten ihrerseits in längeren oder kürzeren Berichten ihre Erlebnisse im Verlauf der Eroberung geschildert, allen voran ihr Anführer, der politisch geniale Hernán Cortés. Sie alle verfolgten mit ihren Darlegungen ausschließlich persönliche Ziele des Augenblicks und hatten nicht die Absicht und noch weniger die Fähigkeit, ein auch nur annähernd vorurteilsloses Geschichtsbild zu entwerfen oder der jeweils anderen Seite gerecht zu werden.

Im Verlauf des 16. Jahrhunderts wuchs die Zahl der Autoren, die sich mit der Zeit vor der Conquista beschäftigten, geradezu sprunghaft an. Je größer die zeitliche Distanz, desto schwieriger wurde es, Informationen aus erster Hand, von Menschen, die diese Zeit noch bewußt erlebt hatten, zu erlangen, und um so umfangreicher wurden zugleich die Werke, die verfaßt wurden.

Die Schriftquellen, in denen von der Geschichte der Azteken und ihrer Nachbarn vor der Ankunft der Europäer die Rede ist, dürfen nicht unmittelbar für bare Münze genommen werden. Sie sind nicht die getreuen Schilderungen einer historischen Wahrheit, die man in ihnen naiverweise gerne sieht. Sie sind – wie Geschichtsschreibung immer und überall auf der Welt in Gefahr gerät zu sein – interessierte, absichtsvolle Darstellung, mit dem Ziel, mittels der beschriebenen Geschehnisse der Vergangenheit eine Botschaft zu vermitteln, die an Zielsetzungen der Gegenwart orientiert ist. Sie sind Lehr-Geschichte in dem Sinne, daß man aus ihr eine Lehre für das gegenwärtige Leben ziehen kann, ja ziehen soll.

Es kann kaum vernünftiger Zweifel aufkommen, daß dies auch in vorspanischer Zeit für die indianische Geschichtsdarstellung in größtem Umfang gegolten hat. Daß die überlieferte Geschichte von den Herrschern zu bestimmten Gelegenheiten neu geschrieben wurde und dafür die alten Aufzeichnungen zerstört werden mußten, weil sie nicht im Sinne der neuen, dekretierten Wahrheit waren und folglich ihre Inhalte lauter Lügen gewesen sein müssen, wird ausdrücklich erwähnt. Dieses Ereignis, von dessen Wirksamkeit und Vollständigkeit wir keine Kenntnis haben, liegt als erster, undurchdringlicher Filter zwischen uns und der frühen Geschichte der Azteken. Von dem, was vor dieser Korrektur der Geschichte lag, erfahren wir nur, was die damalige Zensur passierte, das heißt, was im Sinne der neuen Interpretation war.

Die Charakteristika der neuen Geschichte sind nicht schwer aufzuspüren: es überwiegen die ideologisch ausdeutbaren Inhalte, und es treten die Aussagen zu Fakten, zu individuellem Geschehen zurück. Denn letzteres war nur selektiv nutzbar, wir erfahren was wir wissen sollten, oder eigentlich: was den Azteken über diese Zeit in den Augen ihrer Führer zu wissen frommte. Und das war in erster Linie, was den Status quo, die bestehende Ordnung, bis in ihre Einzelheiten hinein legitimierte, als unumstößlich, göttlich gewollt und deshalb nicht in Zweifel zu ziehend ansehen ließ.

Dieser Vorgang wiederholte sich bei der Eroberung Mexikos durch die Spanier, die auch das Ziel der Verbreitung eines wahren Glaubens hatte, eines neuen, der den alten wahren Glauben ebenso ersetzen sollte wie die neue Herrschaft die hergebrachte Machtordnung. Und wieder trat die Schilderung der Geschichte in den Dienst der aktuellen Ziele. Diese waren auf einmal mehrere, konträre und dennoch konvergierende. Die indianischen Autoren tendierten dazu, durch die Darstellung ihrer Vergangenheit ihre Ebenbürtigkeit mit den Staaten und Kulturen der Alten Welt zu unterstreichen. Sie wurden in diesem Bestreben oft von geistlichen Autoren unterstützt, deren Absicht jedoch war, einen geheimen göttlichen Heilsplan aufzuspüren und an ihm mitzuwirken, in dem die indianischen Völker eine wichtige Rolle spielten. Und auf der anderen Seite standen die europäisch geprägten und für europäische Leser schreibenden Autoren, die durch ihre Version der indianischen Vergangenheit die Notwendigkeit und Zweckmäßigkeit der Eroberung und Unterwerfung der indianischen Völker bekräftigen wollten und sich bemühten, durch ihre Schilderung die grausame Niederschlagung der indianischen Identität zu rechtfertigen und die ausbeutende koloniale Situation zu legitimieren. Ihr Denken, Wollen und die ihnen gesetzten Grenzen sind die zweite filternde Schicht, die die indianische Geschichtsdarstellung zu passieren hatte, bevor sie uns erreichen konnte.

Allen diesen Autoren zusammen verdanken wir letztlich unsere gesamte Kenntnis der vorspanischen Geschichte des zentralen Mexiko, weil keine der vorspanischen Bilderhandschriften als Original auf uns gekommen ist. Ihre Werke sind – in all ihrer unvermeidlichen Verzerrung einer bereits gefärbten und instrumentalisierten indianischen Geschichte – unser weitgehend einziger Zugang zu ihr. Nur wenn wir uns der Verzerrungen und Verformungen, der Absichten der Autoren, Kompilatoren und Redaktoren bewußt sind, haben wir eine Chance, hinter dem, was man uns wissen machen will, auch etwas mehr zu erfahren, das irgendwie durch die Maschen schlüpfte und uns helfen mag, zu verstehen, was wirklich geschah.

Die Archäologie als zweiter wichtiger Zugangsweg zu den Azteken ist in bemerkenswertem Ausmaß stumm geblieben. Zunächst haben die Eroberung der aztekischen Hauptstadt Tenochtitlan im Jahre 1521, dann die Errichtung der kolonialen Stadt und schließlich das ungebremste Wachstum der modernen Metropole, der größten Stadt der Welt, beinahe alle Spuren der Azteken zerstört, überdeckt und unkenntlich gemacht. Die aufgefundenen einzelnen Monumente sind aus ihrem Zusammenhang gerissen und nur mit Hilfe der schriftlichen Berichte einigermaßen zu interpretieren – verlieren aber dadurch ihre eigenständige Aussagekraft. Außerdem fällt es schwer, eine Brücke zwischen den Angaben der Berichte und den Befunden der Archäologie zu spannen. So mußte bei den ausgedehnten Ausgrabungen am und rund um den Haupttempel von Tenochtitlan im Mittelpunkt der modernen Stadt ungeklärt bleiben, welchen der Herrscher die vielen Vergrößerungen des Tempels zuzuschreiben sind, obwohl die Quellen darüber berichten. Und die von manchen kolonialen Autoren gegebenen Skizzen und eingehenden Beschreibungen des Tempelbezirks lassen sich nur äußerst vage mit den archäologischen Ergebnissen vereinbaren.

Wir werden also bei unserer Annäherung an die Azteken im wesentlichen an der Oberfläche bleiben und uns vielfach auf indirekte Schlüsse beschränken müssen. Wir werden vielleicht weniger erkennen, was wirklich war, als was (und hoffentlich auch: warum) die eine oder die andere Partei in ihren schriftlichen Berichten uns mitteilen und glauben machen wollte. Wir tauschen, wenn wir so vorgehen (wiederum: hoffentlich), gegen die trügerische Gewißheit anekdotenhafter Geschichte zumindest manchmal ein Erkennen von Motiven, Zielen und Besorgnissen ein. Die Aussagen, die auf diese Weise möglich werden, mögen vielleicht ärmer erscheinen, als wenn man die Quellen weiterhin so wörtlich nähme wie das zu lange eine einfache Gewohnheit war. Aber sie haben (nochmals: hoffentlich) nicht den Makel, daß man zu ihrer Rechtfertigung nicht mehr anführen kann, als daß wir halt nichts anderes, Besseres wissen.

II. Die Welt der Azteken

1. Das Land

Den Spaniern, die 1519 zur aztekischen Hauptstadt Tenochtitlan vordrangen, war nahezu alles neuartig, wunderbar und unheimlich zugleich. Sie waren bereit, allen phantastischen Erzählungen zu glauben, weil sie immerzu märchenhaften Entdeckungen nachjagten, und sie waren nicht in der Lage, auch nur ein wenig der ihnen so völlig fremden Kulturen zu verstehen. So blieben ihre Beschreibungen, obwohl sie von Augenzeugen stammen, oberflächlich, mißverständlich und bruchstückhaft. Dennoch sind sie vielfach den später niedergeschriebenen Schilderungen, die die in der Einleitung genannten Defekte aufweisen, überlegen.

Schon die Berichte des Eroberers von Mexiko, Hernán Cortés, geben einen Eindruck von der Landschaft, die sie mühsam zu durchqueren hatten. Die aztekische Hauptstadt, Tenochtitlan, lag an der Stelle der heutigen Stadt México in 2240 Meter Höhe in einem abflußlosen Becken, das außer im Norden von hohen vulkanischen Bergketten, die teilweise über 5000 Meter aufragen, begrenzt ist. Den größten Teil des Beckens nahm ein flacher See ein, der eine längste Erstreckung von 70 km hatte. Der See wurde von starken Quellen und kleinen Flüssen im Süden gespeist, während im flacheren Norden kaum Zuflüsse existierten. Dies erklärt, daß der See wegen der starken Verdunstung nur im Süden Süßwasser führte und im Norden salzig war. Die Stadt Tenochtitlan und andere kleinere Orte lagen auf einigen der zahlreichen Inseln, aber auch die Ufer waren dicht mit Siedlungen aller Größen besetzt. Die eigentlichen Ränder des Sees waren sumpfig und mit Schilf bestanden. Das Klima wurde nach Norden zu merklich trockener, und die Gegend ging in eine teilweise steppenartige Landschaft über.

Östlich und westlich des Beckens von Mexiko liegen jenseits der Bergketten breite beckenartige Tallandschaften, die gemeinsam mit den Bergketten das zentralmexikanische Mas-

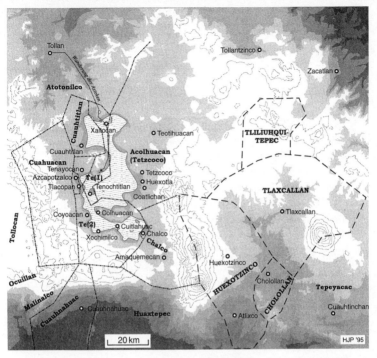

1. Das Becken von Mexiko und das Tal von Puebla
Grau schattiert: Höhenzonen unter 2500 Meter. Die Grenzlinien der Tributprovinzen von Tenochtitlan sind weitgehend exakt. Te(1) bezeichnet die Tributprovinz Citlatepec, Te(2) die Provinz, die direkt dem *petlacalcatl* von Tenochtitlan unterstellt war. Großbuchstaben bezeichnen unabhängige Gebiete.

siv (Mesa Central) bilden. Das Tal von Puebla mit etwas geringerer Höhe reicht von den das Tal von Mexiko im Osten begrenzenden Vulkanen Popocatepetl und Iztaccihuatl über 130 km bis zur östlichen Kordillere (Sierra Madre Oriental), die in Vulkanen wieder weit über 5000 Meter erreicht. Jenseits davon fällt das Land abrupt zur leicht geneigten Küstenebene am Golf von Mexiko ab. Im Westen liegt das Tal von Toluca, das seinerseits westlich an eine weitere Vulkanzone grenzt, nach der abwechselnd Beckenzonen und Bergländer bis zur westlichen Kordilliere (Sierra Madre Occidental) anschließen. Im Süden wird die Mesa Central durch die zentralmexikanische Vulkanzone und den parallelverlaufenden Abfall zum Flußsystem des Río Balsas abgeschlossen, im Norden geht sie in die Steppenlandschaften des nordmexikanischen Plateaus über.

Die Bevölkerung, mit der das durchziehende Heer der Spanier in Berührung kam, war keineswegs einheitlich. Viele verschiedene Sprachen wurden in diesem Gebiet gesprochen, aber wo die aztekische Sprache, das Nahuatl, nicht das vorherrschende Idiom war, wurde sie doch von einem Teil der Bevölkerung als Haupt- oder Zweitsprache gesprochen oder verstanden. Das Identitätsempfinden bezog sich auf den Heimatort oder die unmittelbare Heimatregion, innerhalb derer man sich Unterschiede in Herkunft, Sprache und kulturellen Details wohl bewußt war. Deshalb ist es schwer bis unmöglich, den europäischen Begriff „Volk" sinnvoll anzuwenden.

2. Das Reich der Colhua' Mexi'ca'

Was die Spanier zuerst über die Azteken erfuhren, war der Name ihres Herrschers, Motecuzoma, mit dem unterscheidenden Beinamen Xocoyotzin, der jüngere, sowie der Name der Dynastie, Colhua', der sich von einem kleinen Ort am Ufer des Sees, Colhua'can, ableitet. Motecuzoma war absoluter Herrscher seiner Heimatstadt Tenochtitlan und regierte das weit ausgedehnte Reich in einem Bündnis mit zwei Städten am Ufer des Sees, Tetzcoco und Tlacopan. Daß die Spanier immer nur von Motecuzoma redeten, mit ihm Botschaften austauschten, und daß die Namen der beiden anderen Herrscher, Cacama von Tetzcoco und Tetlepanquetza von Tlacopan, in den zeitgenössischen Berichten der Eroberung unerwähnt blieben, zeigt die trotz formeller Gleichberechtigung untergeordnete Position der beiden anderen Herrscher. Das die Gesamtheit des Reiches betreffende politische Handeln wurde von den drei Herrschern auf informelle Weise einvernehmlich festgelegt, allerdings scheint dieser Bereich eher klein gewesen zu sein. Praktisch wurde dann, wenn, wie bei Eroberungen, gemeinsame Interessen gegeben waren, gemeinsam vorgegangen, wobei jeder Partner auch unabhängig agieren konnte und immer wieder Anlaß zu Rivalitäten gegeben war. Eine gemeinsame politische Spitze besaß das Reich nicht. Auch innenpolitisch waren die drei Partner selbständig und verfügten über ihre jeweils eigenen politischen Institutionen und Strukturen, die in Details durchaus unterschiedlich waren.

Die grundsätzliche Organisation der Herrschaft war in den Gebieten der drei Bündnispartner (Mexi'co mit der Hauptstadt Tenochtitlan, Acolhua'can mit Tetzcoco und dem Herrschaftsgebiet der Tepaneken mit Tlacopan, deshalb oft Dreibund genannt) und der kleineren Orte und abhängigen Herrschaften nicht sehr verschieden. An der Spitze standen entweder ein absoluter Herrscher (*tla'toani*) oder mehrere, häufig vier Herrscher, die jeder einen Teil des Territoriums unabhängig regierten, jedoch in Angelegenheiten des gesamten Staates gemeinsam handelten. Dieses System, das die Spanier in Tlaxcallan kennenlernten, erinnerte sie an die Regierungsform norditalienischer Stadtrepubliken.

Das aztekische Reich ist mit Begriffen der Alten Welt schwer zu fassen. Es ist leichter zu sagen, was nicht gegeben war: kein durchgehendes, klar umrissenes Territorium, kein Staatsvolk, keine einheitliche Rechtsordnung und keine einheitliche Verwaltung oder andere Machtstrukturen, kein stehendes Heer. Zu Recht wird deshalb von einem hegemonialen Reich gesprochen, in dem eine direkte zentralstaatliche Kontrolle nur in wenigen Bereichen existierte und in anderen nur zeitlich begrenzt bei entstehenden Notwendigkeiten ausgeübt wurde. Charakteristisch für diese Situation ist, daß kein aztekisches Wort für das Reich oder kein Name dafür bekannt ist. Viel wesentlicher für den Alltag waren die kleineren politischen Grundeinheiten, von denen es allein im Becken von Mexiko 40–60 gab, und die am besten als Stadtstaaten zu bezeichnen sind.

Jeder der Stadtstaaten umfaßte eine überschaubar kleine Fläche, an deren Rand man vom Zentrum zu Fuß meist in einem Tag gelangen konnte. Im Hauptort, der eine mehr oder weniger städtische Siedlung war, lagen als kultischer und administrativer Mittelpunkt die Tempel und Paläste, dort wohnte die örtliche Adelsschicht, und dorthin waren auch die wirtschaftlichen Aktivitäten ausgerichtet. Das Zentrum ging kontinuierlich in das umgebende, weitgehend bäuerliche Hinterland über, mit Dörfern, in denen sich dieselben Strukturen auf niedrigerem Niveau wiederholten, und Weilern und Streusiedlungen ohne erkennbare soziale Schichtung.

Die Ausdehnung der Stadtstaaten war allein schon durch die räumliche Enge der dichtbesiedelten Beckenregionen begrenzt. Jede Ausweitung konnte nur auf Kosten der Nachbarn erfolgen. Defensive und expansive Bündnisse waren an der Tagesordnung, aber meist nur von kurzer Dauer und auf konkrete Anlässe bezogen. Solche Bündnisse wurden auch durch Eheschließungen der Herrscher vorbereitet oder gefestigt.

Ein destabilisierender Faktor in der politischen Struktur war die polyethnische Zusammensetzung vieler Gebiete und Orte. Sie ist zumeist auf die zahlreichen Wanderungsbewegungen kleinerer und größerer Gruppen zurückzuführen, die friedlich, seltener kriegerisch in bereits besiedelte Gebiete eingedrungen waren und sich dort als zusätzliche, oft am unteren Ende der sozialen Skala eingeordnete oder handwerklich spezialisierte Bevölkerungsgruppe niedergelassen hatten. In anderen Fällen bildeten sie eigenständige Gruppierungen innerhalb des Stadtstaates mit voll ausgebauten politischen Strukturen. Auch die herrschenden Dynastien wurden überall mit einer bestimmten ethnischen Gruppe identifiziert und bezogen aus dieser Zugehörigkeit einen Teil ihrer Legitimation. Da Bevölkerungsteile mit derselben ethnischen Herkunft über ein weites Gebiet verstreut lebten, bildeten sich Loyalitätsbande aus, die die politische Gliederung überlagerten und ihr widersprechende vielschichtige Verflechtungen entstehen ließen. Allianzen beruhten oftmals auf derartigen Verbindungen und wurden nicht immer vom gesamten Stadtstaat getragen und respektiert. Die Spanier wurden sich der von diesem System ausgehenden Spannungen schnell bewußt und nutzten sie während der Eroberungen sehr effektiv.

Trotz all dieser Differenzierungen war im Becken von Mexiko und den angrenzenden Gebieten mit meist ebenfalls Nahuatl-sprachiger Bevölkerung eine weitgehende soziopolitische und kulturelle Homogenität gegeben. Insbesondere in der Herrscherschicht war das Bewußtsein der Zusammengehörigkeit und Einheitlichkeit stark ausgeprägt. Gegenseitige Einladungen und Besuche zu großen Festen waren die Regel; dabei wurden kostbare Geschenke ausgetauscht. Dies gilt auch und besonders für eigentlich verfeindete Stadtstaaten, ohne daß dadurch wie sonst eine politische Unterordnung ausgedrückt oder einleitet wurde. Bemerkenswert ist, daß die Besuche von Feinden mit größter Heimlichkeit umgeben wurden, wohl weil die Herrscher nicht wußten, wie sie ihrem Volk diesen Widerspruch zur alltäglichen Konfrontation erklären sollten. Ein wichtige Voraussetzung dieser Beziehungen war sicherlich der weitgehend einheitliche religiöse Bereich. Lediglich in der Verehrung unterschiedlicher Patronatsgötter, die letztlich immer nur verschiedene Aspekte derselben Hauptgottheiten darstellten, drückten sich lokale Färbungen aus. Universell war die große Bedeutung, die dem sakralen Menschenopfer beigemessen wurde, das regelmäßig und in beträchtlicher Zahl ausgeführt wurde, weil man dadurch den Fortbestand der Welt zu gewährleisten hoffte. Ein weiterer internationaler Aspekt war ein überall anerkannter Verhaltenskodex, der den freien Zugang zu überregionalen Heiligtümern und Märkten sicherte sowie die Unverletzlichkeit von Gesandten gewährleisten sollte und die formalen Kriegserklärungen regelte. Die Einhaltung dieser Regeln blieb jedoch nicht ohne Ausnahmen.

Die Ausdehnung des in irgendeiner Form unter der Herrschaft der Azteken stehenden Gebietes reichte zur Zeit der Ankunft der Spanier von der Pazifikküste bis zur Küste des Golfs von Mexiko. Es schloß eine Reihe kleinerer und mehrere größere Enklaven ein, zu denen Tlaxcallan (später der wichtigste Bündnispartner der Spanier), Huexotzinco, Cholollan und Metztitlan gehörten – hingegen war das von vielen modernen Autoren als halb unabhängig bezeichnete Tal von Tehuacan mit dem wichtigen Handelsplatz Teotitlan den Azteken tributpflichtig. Dennoch wird hier die Auffassung vertreten, daß das effektiv von den Azteken abhängige Gebiet merklich kleiner war als in der modernen Literatur meist angegeben, und daß in manchen Randzonen (besonders in Veracruz) die Dominanz noch eher lückenhaft war (siehe Karte 3). Besonders im Süden und Osten hatten Feldzüge eher exploratorischen Charakter und führten nicht zu geschlossenen unterworfenen Gebieten.

Da die Zielsetzung des aztekischen Reiches hauptsächlich in der ungestörten Gewinnung großer Tributmengen bestand, wird es häufig als Tributimperium bezeichnet. Zu diesem Zweck bedienten sich die Azteken nach ihrer Eroberung der lokalen politischen Infrastruktur und beließen in der Regel die lokalen Herrscher im Amt oder entschieden sich unter diesen für eine ihnen nahestehende Fraktion – genau dies taten aus denselben Beweggründen auch die Spanier nach der Eroberung. Nur in den militärpolitisch kritischen, dem Zentrum nahegelegenen Zonen und wenn der Widerstand gegen die Eroberung lange erfolgreich gewesen war, übernahmen die Azteken die unmittelbare Herrschaftsgewalt und setzten zeitweilig Militärgouverneure ein.

Eine militärische Sicherung des Reiches fehlte beinahe völlig, da das Heer nur für Kriegszüge aufgestellt wurde. In stärker umstrittenen Grenzregionen wurden zwar befestigte Plätze und kleine Garnisonen von Wehrbauern errichtet, doch ist ihre militärische Wirkung ungewiß. Vermutlich dienten sie eher als Demonstration der Wachsamkeit nach außen, sie wirkten aber sicher gleichermaßen gegenüber wankelmütigen Unterworfenen im Inneren. Eine klar definierte oder gar befestigte Grenze hat es offensichtlich nicht gegeben, vielmehr bestanden mehr oder weniger breite Zonen mit ungeklärtem Status.

3. Tenochtitlan, Tetzcoco und Tlacopan

Die Herrschaftsstruktur war bei den drei Bündnispartnern, die das Reich ausmachten, grundsätzlich ähnlich. Die monarchische Machtausübung war allerdings nicht absolut, denn trotz der Konzentrierung aller Gewalt im Herrscher war dieser doch auf die Zustimmung der obersten Repräsentanten des Adels angewiesen. Zu den Beratern, die sich regelmäßig im Palast versammelten, gehörten auch Herrscher von untergebenen Orten im Becken von Mexiko. Besondere Versammlungen von hohen adligen Würdenträgern hatten gerichtliche Entscheidungsgewalt. Die Ämter der höchsten militärischen Befehlshaber (*tlacochcalcatl* und *tlacateccatl*) waren wichtige Stationen eines künftigen Herrschers. Im Gegensatz dazu kam der Inhaber der vermutlich zweithöchste Position im Staat (*cihuacoatl*), dessen Funktionen sich allerdings nicht klar umreißen lassen, immer aus einer bestimmten Nebenlinie des Herrscherhauses und wurde niemals selbst Herrscher (siehe Tabelle 2 und Genealogie).

Trotz mancher Rivalitäten waren die drei Partnerstaaten im aztekischen Reich auf der höchsten Ebene vielfach mit einander verbunden. So war, obwohl die Einsetzung eines Nachfolgers im Herrscheramt eindeutig eine innere Angelegenheit war, die feierliche Anerkennung durch die beiden anderen Herrscher unverzichtbar. Durch sie wurde die Fortdauer des Bündnisverhältnisses dokumentiert. Mit der allgemeinen Dominanz Tenochtitlans entwickelte sich unter Motecuzoma II. auch eine vorher nicht feststellbare Einflußnahme auf die Herrschernachfolge in den beiden anderen Staaten. Grundsätzlich wurde der neue Herrscher auf nicht näher bekannte Weise aus den Söhnen der Verstorbenen ausgewählt. Erfolge als Krieger und in den erwähnten hohen Ämtern des Staates galten als Nachweis der Eignung. Mit der entsprechenden Bestallung konnte der Vorgänger die Auswahl bereits weitgehend lenken. Zu den geforderten persönlichen Eigenschaften gehörten Klugheit, einwandfreier Lebenswandel, bescheidenes Auftreten und Fähigkeiten als Redner. In Tenochtitlan hatte

Tabelle 1:
Genealogie der Herrscher von Tenochtitlan, Tlatelolco und Tetzcoco

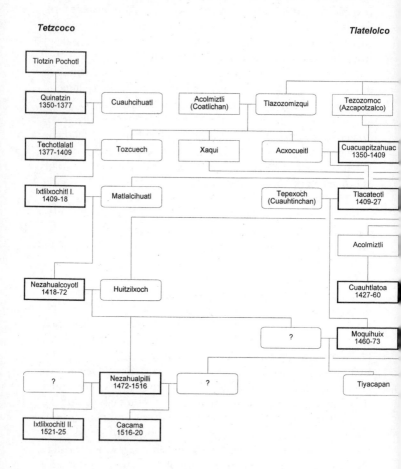

Rechtecke mit dickem Rand: Herrscher von Tetzcoco, Tlatelolco und Tenochtitlan mit Herrschaftsjahren, Rechtecke mit abgerundeten Ecken: Frauen (in Klammern: Herkunftsort), dicke Verbindungslinien: Abstammungslinie der Herrscher von Tenochtitlan, Rechtecke mit magerem Rand, Namen und Jahreszahlen: Cihuacoatl von Tenochtitlan.

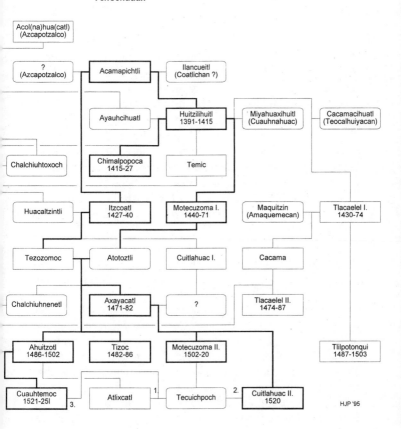

Insbesondere für die frühe Zeit sind die genealogischen Positionen nicht immer widerspruchsfrei überliefert.

sich eine eigenartige Nachfolgeregelung entwickelt. In der zweiten und dritten Generation nach dem Dynastiegründer Acamapichtli kamen nacheinander zwei Brüder zu Herrschaft, in der vierten und fünften Generation drei Brüder. Dies bedeutet, daß Brüder eines verstorbenen Herrschers Vorrang vor seinen Söhnen hatten. Eine Ursache dieser Regelung in Tenochtitlan mag in der dort erheblich kürzeren Herrschaftsdauer gelegen haben. Bei den anderen Partnern des Dreibundes wurde hingegen die Macht vom Vater auf den Sohn weitergegeben. Die dynastische Verknüpfung weitete den Einfluß von Tenochtitlan immer mehr aus. Dadurch, daß die Herrscher von Tetzcoco regelmäßig Töchter der Herrscher von Tenochtitlan heirateten, wurden deren Enkel Thronanwärter in Acolhua'can, denen Tenochtitlan dann zur Regierung verhalf. Die aus dieser Konstellation entstehenden Konfrontationen innerhalb der Herrscherfamilie Tetzcocos brachten 1519 den übergangenen Thronanwärter Ixtlilxochitl II. auf die Seite der Spanier und trugen dadurch wesentlich zum Erfolg der Conquista bei.

Die Territorien der drei Partnerstaaten im Becken von Mexiko spiegeln ihre lange zurückreichenden Machtverhältnisse wider. Das als Acolhua'can bezeichnete Territorium, das von Tetzcoco beherrscht wurde, nahm mit dem nordöstlichen Viertel des Beckens den zweitgrößten Teil der nutzbaren Fläche ein. Das Gebiet war unter 14 lokalen Herrschern aufgeteilt, zu denen auch die Herrscher der früheren Hauptstadt Coatlichan und des einst mächtigen Huexotla' gehörten. Die abhängigen Herrscher regierten ihre meist sehr kleinen Gebiete selbständig, sie besaßen die Gerichtsbarkeit über die nichtadlige Bevölkerung und erhielten von ihr die üblichen Tributleistungen. Der besondere Status dieser Gebiete kommt in dem geringen Grad der Unterordnung unter den zentralen Herrscher zum Ausdruck. Indem die Herrscher von Tetzcoco diesen abhängigen Herrschern mit beträchtlicher Regelmäßigkeit eine ihrer Töchter zur Frau gaben und deren Söhne dort dann die Herrschaftsnachfolge antraten, wurden die abhängigen Gebiete zunehmend stärker an die zentrale Herrschaft gebun-

Tabelle 2:
Herrscher und hohe Würdenträger von Tenochtitlan und Tlatelolco

Tla'toani	Tlacateccatl	Tlacochcalcatl	Cihuacoatl	Tlatelolco
Acamapichtli um 1371–1394				Cuacuapitzahuac vor 1400–1409/1418
Huitzilihuitl 1394–1415	*Chimalpopoca* *Itzcoatl*	Cuatlecoatl		
Chimalpopoca 1415–1427	*Itzcoatl* Teotlema	Teotlehuac		Tlacateotl 1409/18–1427
Itzcoatl 1427–1440	*Motecuzoma*	Tlacaelel →	Tlacaelel I. 1430–1474	Cuauhtla'toa 1427–1467
Motecuzoma I. 1440–1471	Iquehuacatl Zaca	*Axayacatl* Citlalcoatl		Moquihuix 1467–1473
Axayacatl 1471–1482	*Tizoc* Tzontemoc	*Ahuitzotl* Cacamatl	Tlacaelel III. 1474–1487	
Tizoc 1482–1486	*Ahuitzotl* Tzontemoc			
Ahuitzotl 1486–1502	*Motecuzoma* Tziuacpopoca	*Motecuzoma*	Tlilpotonqui 1487–1503	
Motecuzoma II. 1502–1520	Atlixcatl Ecatl Acolnahuacatl	Cuappiaztli Tepehua Tzipian Tlacahuepan	?	
Cuitlahuac II. 1520			Matlatzincatzin 1520	
Cuauhtemoc 1521–1525			Tlacotzin 1520–1525	

Inhaber der Ämter des Tlacateccatl und des Tlacochcalcatl, die später Tla'toani wurden, erscheinen kursiv. Regierungszeiten enthalten besonders bei frühen Herrschern beträchtliche Schwankungen.

den und deren Loyalität gefestigt. Auf der anderen Seite waren es die vierzehn Herrscher, ihrem Rang nach ebenfalls Tla'toani, von deren Zustimmung der Amtsantritt des zentralen Herrschers abhängig war – was in der Geschichte nicht immer eine Selbstverständlichkeit war. Sie übten im Gesamtstaat hohe Ämter aus und bildeten ein Beratungsgremium. Gegenüber der zentralen Herrschaft hatten sie außer Gefolgschaft im Kriege keine weiteren Verpflichtungen. Sie brachten aber ihre Anerkennung des Oberherrschers durch kostbare Geschenke zum Ausdruck, die sie anläßlich von großen Feierlichkeiten übergaben. Acht weitere Gebiete waren direkt dem zentralen Herrscher unterstellt und hatten durch Tributverwalter (*calpixqui*) Sachleistungen an ihn abzuführen. Ein alle Landesteile erfassendes Rotationssystem regelte die für den Palast und öffentliche Bauten zu erbringenden Arbeitsleistungen.

Das größte Gebiet im Westen des Beckens von Mexiko gehörte historisch zum Territorium von Tlacopan, war aber weitgehend zur Tributzahlung an Tenochtitlan verpflichtet. Aus geschichtlichen Gründen (siehe S. 84) war Tlacopan, obwohl nominell Nachfolger des mächtigen Reiches der Tepaneken, der schwächste Partner im Dreibund. Die Hauptstadt des untergegangenen Reiches, Azcapotzalco, hatte ihre frühere Bedeutung verloren und war organisatorisch nur mehr einer von mehreren Tlacopan untergeordneten Stadtstaaten. Für die tepanekischen und die mexikanischen Einwohner in Azcapotzalco war jeweils ein eigener Tla'toani zuständig. Anders als in Tetzcoco existierten in Tlacopan mehrere Ebenen abhängiger Herrscher.

Tenochtitlan konnte für sich nur ein relativ kleines Gebiet unmittelbar in Anspruch nehmen, das aus der Doppelstadt Tenochtitlan und Tlatelolco auf der Insel im Westteil des Sees von Mexiko und einigen kleineren Orten am Seeufer der nördlichen Seehälfte bestand (siehe Karte 1, S. 17). Hinzu kamen das kleine Gebiet von Colhua'can, dessen politisches Erbe Tenochtitlan angetreten hatte und auf das es sich in Herrschertiteln und dem Namen seiner Dynastie bezog. Die einst zu Colhua'can gehörenden Städte am südlichen Ufer des

Sees von Mexiko bildeten das Hinterland der Inselstadt. Sie entsprachen damit den schon erheblich früher erworbenen Territorien der anderen Staaten, waren aber zum Teil zusätzlich auch Tlacopan tributpflichtig. Eine den beiden Partnerstaaten vergleichbare administrative Eingliederung der abhängigen Herrschaften des Umlandes läßt sich für Tenochtitlan nur vage erkennen. Die fruchtbaren Ortschaften am West- und Südrand des Sees bildeten einen besonderen Tributbezirk, der direkt dem obersten Tributverwalter (*petlacalcatl*) von Tenochtitlan unterstand. Eine Beteiligung der abhängigen Herrscher an der zentralen Regierung in Gestalt eines beratenden Gremiums, wie sie in Tetzcoco anzutreffen war, entwickelte sich erst in später Zeit.

4. Die Hauptstadt Tenochtitlan

Die Doppelstadt Tenochtitlan-Tlatelolco war zur Zeit der spanischen Eroberung auf eine bis dahin in Amerika noch nie erreichte Größe angewachsen. Man schätzt, daß in der Stadt deutlich mehr als 150 000 Einwohner lebten. Die Stadt war auf mehreren größeren und vielen kleineren, später mit einander verbundenen Inseln im See von Mexiko errichtet worden. Zahlreiche Inseln unterschiedlicher Größe blieben jedoch rings um die beiden Städte bestehen. Die Verbindung zu den näher gelegenen Orten am Ufer im Norden, Westen und Süden erfolgte über mehrere große, immer wieder von Brücken unterbrochene Dammstraßen, während die Kommunikation mit dem östlichen Seeufer (Tetzcoco) mit Wasserfahrzeugen erfolgte, für die am östlichen Stadtrand ein Hafen eingerichtet war (siehe Karte 2).

Bei der inneren Einteilung der Stadt lassen sich mehrere Ebenen unterscheiden: zunächst die Aufteilung in das kleinere Tlatelolco im Norden und das größere Tenochtitlan, dann die Gliederung Tenochtitlans in vier annähernd gleich große Stadtviertel und schließlich in diesen (wie in Tlatelolco) eine große Zahl von kleinsten Stadtteilen, die nur zum Teil dem Namen und der ungefähren Lage nach bekannt sind, weil die

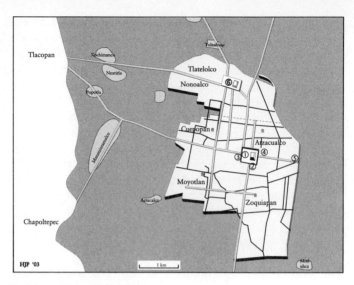

2. *Tenochtitlan und Tlatelolco*
(1) Haupttempel von Tenochtitlan
(2) Palast des Motecuzoma II.
(3) Palast des Axayacatl
(4) Palast des Motecuzoma I.
(5) Bootshafen
(6) Tempel und Markt von
   Tlatelolco

(Form der Inseln angenähert; die Lage von Ufer, Kanälen und Stadtgrenze von Tenochtitlan und Tlatelolco nach eigenen Erhebungen, ergänzt durch persönliche Informationen von Edward Calnek, Rochester)

Anlage der spanischen Stadt gerade im Zentrum von Tenochtitlan alle Spuren getilgt hat. Im Mittelpunkt von Tenochtitlan und Tlatelolco lagen die großen Tempelbezirke, daneben in Tlatelolco der große Markt und in Tenochtitlan die zuletzt drei großen Herrscherpaläste. Der jüngste dieser Paläste, der Motecuzomas II., bewahrt eine bemerkenswerte Kontinuität bis in die Gegenwart, auch wenn so gut wie kein Stein auf dem anderen blieb: nach der Eroberung wurde er das Stadtpalais von Cortés, der Tenochtitlan zur Hauptstadt der spanischen Besitzung bestimmte, dann Residenz der Vizekönige von Neuspanien und ist jetzt Amtssitz des mexikanischen Staatspräsidenten. Auch die vier Stadtviertel von Tenochtitlan verfügten jeder über einen zentral gelegenen Tempelkomplex, im modernen Stadtbild der Stadt Mexiko als Kirchen mit Vorplatz ebenso deutlich zu erkennen wie die wichtigsten Kanäle und Dammstraßen, die heute zu Hauptstraßen geworden sind.

Die zentralen Tempel von Tenochtitlan und Tlatelolco, die in den letzten Jahrzehnten von mexikanischen Archäologen sorgfältig ausgegraben wurden, waren nach der Eroberung zerstört, und die Pyramiden sind weitgehend abgetragen worden. Die Pyramiden sind in vorspanischer Zeit immer wieder, vielleicht in regelmäßigen, durch den Kalender vorgegebenen Abständen, mit einem neuen Steinmantel ummauert und damit höher und größer gemacht worden. Dadurch wurden die inneren Bauten weitgehend konserviert und konnten bei der Ausgrabung teilweise intakt freigelegt werden. Zahllose Opfergaben waren bei jedem dieser Bauabschnitte in besonderen Einbauten und steinernen Kisten niedergelegt worden. Sie enthalten nicht nur kostbare Produkte des heimischen Kunsthandwerks, sondern auch geschätzte Gegenstände mit hohem Symbolwert wie besondere Muscheln oder Fischskelette von den Meeresküsten oder kostbare Objekte aus lange vergangenen oder entfernten Kulturen, die alle entweder über weitgespannte Handelsverbindungen oder Tributverpflichtungen nach Tenochtitlan gelangt waren.

Die Haupttempel von Tenochtitlan und Tlatelolco bestanden jeweils eigentlich aus zwei dicht nebeneinander gelegenen Pyramiden – die schließlich nur durch eine angedeutete Fuge voneinander getrennt waren – mit getrennten Tempelgebäuden. Sie waren jeweils dem Regengott Tlaloc und dem mexikanischen Stammesgott Huitzilopochtli geweiht. Im symbolischen Bauschmuck spielten Schlangen aller Arten eine beherrschende Rolle. Wichtig war auch der in großen Skulpturen ausgedrückte Bezug auf die Gottheit Coyolxauhqui, die der Mythe nach im Kampf von ihrem Bruder Huitzilopochtli auf dem Berg Coatepetl zerstückelt worden war, als dessen Verkörperung die Tempelpyramide angesehen wurde. Die Haupttempel lagen jeweils in einem großen Tempelbezirk, in dem sich zahlreiche kleinere und größere Tempel befanden, die verschiedenen Gottheiten geweiht waren. Dort standen aber auch Gebäude für bestimmte Personengruppen und deren Kulte, wie für die als Adler und Jaguare bezeichneten Verbände von besonders hochrangigen Kriegern. Sie versammelten sich in langgestreckten, von Pfeilern getragenen Hallen mit an den Wänden entlanglaufenden, reliefgeschmückten gemauerten Bänken, die nach dem Vorbild in der Stadt Tula gestaltet waren (siehe Seite 69). Den Zeremonien der Kriegerverbände waren auch andere Kultbauten gewidmet, so der einzigartige, teilweise aus dem Felsen herausgeschnittene Tempel von Malinalco, südwestlich des Beckens in einer unterworfenen Provinz gelegen. Im Tempelbezirk von Tenochtitlan lag aber auch der Ballspielplatz, eine rechteckige Spielfläche mit Verbreiterungen an den beiden Enden. Das Spielfeld war von geböschten Reflexflächen eingerahmt, auf die die in zwei Parteien aufgeteilten Teilnehmer den schweren Hartgummiball nur mit den Hüften hinaufschleudern durften. Ziel war es, den Ball durch einen der beiden steinernen Ringe am oberen Rand der Reflexflächen zu schießen, was äußerste Geschicklichkeit voraussetzte. Dem Ballspiel wurde eine symbolische Beziehung zu kosmischen Vorgängen beigemessen. Im Tempelbezirk stand schließlich auch das Schädelgerüst, ein hölzernes Gestänge, auf dem die von den Weichteilen befreiten Schädel der Geopferten aufgesteckt waren; nach den Schilderungen der Spanier waren es viele Tausende.

Die verschiedenen Tempel und anderen Bauten innerhalb der Tempelkomplexe waren Ziel regelmäßiger, durch den Kalender festgelegter Feierlichkeiten. In ihnen spielten Menschenopfer eine wichtige, aber keineswegs ausschließliche Rolle. Bei den Menschenopfern lassen sich zwei Extreme unterscheiden: die in hoher Zahl ausgeführten Opfer bei der Einweihung und Erweiterung von Tempelbauten – wenngleich die in indianischen Quellen mitgeteilten Zahlen von Zehntausenden sicherlich auf Irrtümern oder Mißverständnissen beruhen und deutlich reduziert werden müssen – und die Opfer von Einzelpersonen, die in der Regel während eines Jahres als menschliche Verkörperung einer Gottheit betrachtet und entsprechend prunkvoll und ehrerbietig behandelt wurden, bis sie schließlich am Festtag eben dieser Gottheit geopfert wurden. Ein mindestens ebenso großes Gewicht hatten die Kasteiungen und Blutopfer, die man sich selbst aus empfindlichen Körperteilen entzog und auf besonderem Opferpapier und grünen Zweigen den Gottheiten darbrachte. Die Leugnung von Menschenopfern mit der Tendenz einer indianischen Apologetik geht an der historischen Realität weit vorbei.

Entsprechend der dichten Bevölkerung muß die vorspanische Stadt einen eindeutig urbanen Charakter getragen haben. Die Spanier waren beeindruckt von den teils mehrstöckigen gemauerten Häusern mit flachen Dächern, den Gärten und öffentlichen Einrichtungen. Besonders fasziniert waren die Spanier vom Markt in Tlatelolco, dem Cortés in seinem ersten Bericht an den spanischen König einen langen Abschnitt widmet: „Es gibt noch einen anderen Platz, doppelt so groß wie die Stadt Salamanca, ganz umgeben von Säulenhallen, wo tagtäglich mehr als 60000 Menschen zum Handel zusammenkommen. Dort gibt es alle Arten von Waren die man im ganzen Land finden kann", die Cortés dann ausführlich aufzählt, nicht ohne anzufügen, daß er nicht alles schildern könne. Dann setzt er fort: „Jede Art von Waren wird in einer bestimmten Straße gehandelt, ohne daß es Vermischungen gäbe, sondern alles ist bestens geordnet. Alles wird nach Zahl oder (Hohl)maß verkauft, während wir bisher noch nicht gesehen haben, daß auch nach Gewicht verkauft würde ...".

Die Stadt war von zahlreichen größeren und unzähligen kleinen Kanälen durchzogen, die zusammen mit den auf niedrigen Dämmen geführten Straßen den innerstädtischen Verkehr aufnahmen und ein trotz vieler Unregelmäßigkeiten weitgehend rechtwinkeliges Netz bildeten, das auch noch Grundlage des modernen Straßennetzes ist. An den Straßen lagen die eingezäunten oder von einer Mauer umschlossenen Wohngrundstücke, auf denen mehrere Einzelhäuser an den Seiten eines rechteckigen Hofes standen. Hier wohnten mehrere verwandtschaftlich verbundene Familien. Hinter den Wohngrundstücken schlossen sich die von ihnen bewirtschafteten Chinampas an, die bis zu einem der größeren oder kleineren Kanäle reichten. Nur im Zentrum und in dem Gebiet zwischen den Zeremonialbezirken von Tenochtitlan und Tlatelolco überwogen Wohngrundstücke ohne Chinampas. Die Chinampas waren Felder in Form von Streifen von weniger als 10 Meter Breite und beträchtlicher Länge, an deren Seiten schmale, mit Bäumen bestandene Kanäle entlangliefen. Die Felder waren aus dem seichten Seeboden oder Sumpfzonen über den normalen Wasserspiegel aufgeschüttet worden, wodurch die Kanäle zwangsläufig entstanden. Diese regulierten die Bodenfeuchtigkeit der Felder, die so günstig war, daß große Erträge und mehrere Ernten pro Jahr erzielt werden konnten, und boten außerdem eine günstige Transportmöglichkeit für die Produkte. Baumreihen entlang der Kanäle stabilisierten die Felder. Trotz des hohen Ertrages der Chinampas reichte die Produktion in der Stadt aber bei weitem nicht zur Versorgung der Bevölkerung aus.

Schon wegen der beschränkten Fläche der Inselstadt war nur ein relativ kleiner Teil der Bevölkerung in der Landwirtschaft, in der Jagd und Fischerei im Seengebiet tätig. Die Zahl der Angehörigen des Adels, der Händler und Kunsthandwerker, aber auch der Krieger war unverhältnismäßig hoch. Vor allem ihre Versorgung bedurfte ständiger Lieferungen vom Festland, die zumeist in Form von Tribut erfolgten. Das Festlandsufer des Sees war ebenfalls in weiten Gebieten von einem breiten Streifen von Chinampas eingefaßt, die sich nur im äußersten Süden bei Xochimilco bis in die Gegenwart erhalten haben. Weiter inlands und in den angrenzenden Gebieten wurde künstliche Bewässerung ausgeführt mittels von Bächen abzweigender Kanäle. Damit war in den an sich klimatisch ungünstigen Hochlandsgebieten eine intensive Anbauwirtschaft möglich.

5. Ein Gewebe mit Löchern – Die Struktur des Reiches

Als die spanischen Schiffe an der Ostküste Mexikos erschienen und mit der Landung der ersten Europäer das aztekische

Reich herausgefordert wurde, war es noch längst nicht zu einem homogenen Machtblock geworden. So ist es beinahe unmöglich, die Ausdehnung des Reiches mit klaren Grenzen auf einer Landkarte zu fixieren. Zum ersten existierten innerhalb des aztekisch beherrschten Gebietes große und militärisch mächtige Stadtstaaten und Allianzen, die die Azteken nicht unterworfen hatten, nicht unterwerfen konnten oder wollten, weil der hierfür zu zahlende militärische Preis in keiner Relation zum Nutzen in welchem Bereich auch immer gestanden hätte. Dies waren die Staaten Huexotzinco, Cholollan, Tlaxcallan, Tliliuhquitepec und, weiter entfernt, Metztitlan sowie eine Reihe weiterer kleinerer mit weniger klar definiertem Status. Zum zweiten bestand das Reich nur in seinem Zentrum aus einem kompakten, von den Azteken sowohl militärisch wie politisch dominierten Bereich. Nach der Peripherie zu gehörten ihm Gebiete abgestufter Abhängigkeit an, wobei sich diese Abhängigkeit in drei Bereichen erschöpft zu haben scheint: In der regelmäßigen Lieferung von Tributgütern entsprechend den Anforderungen der Azteken, in der Sicherstellung des Warenverkehrs durch diese Gebiete und in der logistischen und teilweise auch militärischen Unterstützung von kriegerischen Operationen, die diese Gebiete berührten. Darüber hinaus existierten durch militärische Operationen geschaffene Korridore für Tributlieferungen und Handelsverkehr zu noch weiter entfernt liegenden Gebieten. Ziel der Expansion des Reiches war also weniger die Beherrschung als die Nutzung der eroberten Gebiete, und zwar die indirekte Nutzung durch Tribut und Handel.

Die staatliche Verfassung war weder schriftlich noch auf andere Weise kodifiziert. Wie weit die nach der spanischen Eroberung aufgezeichneten Rechtsgrundsätze tatsächlich einer vorspanischen Ordnung entsprechen, läßt sich nicht mehr bestimmen, sie vermitteln jedoch Einblicke in tradierte und sicherlich weithin gültige Grundsätze. In Tetzcoco, dem allgemein eine weiter ausgestaltete innere Organisation zugeschrieben wird, standen an der Spitze der territorial bestimmten Rechts- und Verwaltungshierarchie vier Rats- und Gerichtsgremien mit Sitz im Palast von Tetzcoco: ein Oberster Gerichtshof, ein Kriegsrat, ein Rat für Musik, Kunst und Wissenschaft, dem auch die Priesterschaft unterstellt war, sowie ein Rat für den Staatsschatz und Tribut. Sie waren jeweils für die Adligen der entsprechenden Stände und Berufe zuständig. Der Oberste Gerichtshof, der aus 12 Richtern bestand, von denen mindestens die Hälfte Adlige waren, hatte in allen Rechtsfällen zu entscheiden, die nicht in die Zuständigkeit der anderen drei Gerichtshöfe fiel. Er war außerdem die zweite Instanz für Urteile, die in den abhängigen Herrschaften von den örtlichen Richtern gefällt worden waren. Eine neuerliche Berufung stand nur Adligen offen. Zuständig waren hierfür zwei höchste Richter, die in Abstimmung mit dem Herrscher entschieden. In Tenochtitlan bestand eine ähnliche Justizorganisation. Dort bestanden zwei getrennte höhere Gerichtshöfe, die jeweils für Adlige und Nicht-Adlige zuständig waren, einschließlich der Möglichkeit zur Appellation. Die geringe politische Durchdringung der neu erworbenen Gebiete zeigt sich auch darin, daß auf sie nach der Eroberung die Rechtssysteme der Dreibundstaaten nicht ausgedehnt wurden, sondern die heimischen Strukturen intakt bestehen blieben.

Natürlich hat sich die politische und gesellschaftliche Ordnung der Azteken, wie sie die Spanier antrafen, erst im Laufe der Zeit herausgebildet, denn bei den kleinen einwandernden Gruppen waren mit Sicherheit viel einfachere Strukturen vorhanden gewesen. Die bewußten Umgestaltungen werden allerdings erst ab den Regierungszeiten von Itzcoatl und deutlicher seinem Nachfolger Motecuzoma I. erkennbar. Daß Itzcoatl sich selbst zum Colhua'tecutli, zum Fürsten von Colhua'can, ausrief, zeigt die demonstrative, wenngleich vermutlich weitgehend fiktive Inanspruchnahme der traditionsreichen, an die Tolteken anschließenden Herrscherlinie von Colhua'can. Das schon lange existierende Amt des Cihuacoatl, dessen Funktion im innenpolitischen Bereich gelegen zu haben scheint, kam in der Regierungszeit Itzcoatls unter Tlacaelel zu Bedeutung. Neu geschaffen oder von den überwundenen Tepaneken übernommen wurde eine Reihe von hohen

Ämtern im Staat, von denen vier eine herausgehobene Position einnahmen. Zu diesen gehörten die Ämter des Tlacateccatl und des Tlacochcalcatl, beide mit wichtigen Funktionen im militärischen aber auch zivilen Bereich. Im Rang folgte ihnen eine Reihe weiterer hoher Funktionäre. Neben der dynastischen Position waren Erfolge im Krieg unverzichtbare Voraussetzung für die Ämter. Diese und zahlreiche im Rang niedrigere Funktionäre erhielten als Entgelt für ihre Dienste das Nutzungsrecht an eroberten Ländereien, die für sie bearbeitet wurden.

Titel und Insignien wurden in immer größerer Zahl geschaffen, um eine differenzierte Auszeichnung erfolgreicher Krieger entsprechend ihren Verdiensten zu ermöglichen. Während die meisten dieser Titel und Insignien Angehörigen des Adels vorbehalten waren, die ohnedies bessere Chancen hatten, die entsprechenden Voraussetzungen zu erwerben, konnten erfolgreiche Krieger aus dem Volk bei entsprechenden Erfolgen zu einer Art von Verdienstadel aufsteigen. Sehr detaillierte Regelungen verliehen ihnen und dem Adel zahlreiche Privilegien und machten die nach dem Sieg über die Tepaneken einsetzende stärkere soziale Differenzierung zwischen den beiden großen Volksschichten öffentlich erkennbar durch Vorrechte in Tracht und Hausbau. Die Trennung zwischen Adel und Volk wurde von Motecuzoma II. noch einmal stärker ausgebaut, indem die sozialen Aufstiegsmöglichkeiten durch Kriegserfolge für nicht-adlige Personen eingeschränkt wurden. Angehörige des Volkes und des Verdienstadels wurden unter seiner Regierung nicht nur aus der persönlichen Umgebung des Herrschers, sondern aus dem Palastdienst insgesamt entfernt. Die zunehmend ausgestaltete Hofetikette umgab den Herrscher mit einer Aura der Unberührbarkeit. Er stand jetzt in einer gottähnlichen Distanz zu den anderen Menschen, der schon immer vorhandene Aspekt der religiösen Legitimation des Herrscheramtes wurde äußerlich unterstrichen.

Die Expansion des Aztekischen Reiches beruhte so gut wie durchgehend auf dem Einsatz militärischer Mittel. Die zahlreichen Unterwerfungen fremder Gebiete sind aber keineswegs immer das Ergebnis einer Eroberung, sondern sicherlich häufiger einer „freiwilligen" Anerkennung der aztekischen Oberherrschaft angesichts deren unübersehbar demonstrierter Überlegenheit, oder eine Kombination von beidem. Die Folge der Unterwerfung war in jedem Fall die Pflicht zur Tributzahlung und zu loyalem Verhalten im Konfliktfall.

Trotz der großen Bedeutung für Ausdehnung und Bestand des Reiches und der großen Zahl von Heereszügen verfügten die Azteken nicht über ein stehendes Heer. Es wurde vielmehr bei Bedarf zusammengerufen und setzte sich aus einem Kader von Adligen, den Zöglingen der Schulen des Adels und einem Teil der übrigen Bevölkerung zusammen. Hinzu kamen für Trägerdienste und andere Hilfsleistungen nicht militärisch ausgebildete Teile der Bevölkerung, insbesondere aus den unterworfenen Gebieten. Auch Teile der Fernhändler haben besondere Aufgaben als Krieger erfüllt und müssen dazu über ein entsprechenden Training verfügt haben. Das je nach den aktuellen Erfordernissen aufgefüllte Heer setzte die Azteken in die Lage, eine aggressive Eroberungspolitik zu betreiben. Kriege wurden also ausschließlich zu diesem Zweck und zum Training des Heeres geführt. Da eine Besoldung des Heeres nicht existierte, konnte es nur durch Beuteanteil an den Eroberungen belohnt werden. Die Erwartung auf Beute war somit ein nicht zu bremsender Motor der militärischen Expansion. Diese war allerdings längst an ihre logistischen Grenzen gestoßen, und es ist deshalb nicht nur müßig, sondern unsinnig zu spekulieren, ob die aztekischen Truppen das Hochland von Guatemala oder vielleicht gar Yucatán hätten unterwerfen können.

Die Gesichtspunkte, nach denen ein Gebiet als Ziel einer Eroberung ausgewählt wurde, lassen sich heute nur noch schwer erkennen. Sicherlich spielte wirtschaftliche Leistungsfähigkeit und der Besitz von attraktiven Gütern, über die anderweitig noch nicht im erwünschten Umfang verfügt werden konnte, eine wichtige Rolle. Ein anderer Grund für Kriegszüge war die Gewinnung von Opfergefangenen, ohne die bestimmte Rituale wie die beim Amtsantritt eines Herrschers oder die Erweiterung eines wichtigen Tempels nicht ausgeführt werden konnten. Unabhängig von diesen Motiven wird regelmäßig in den Quellen ein konkreter Anlaß herausgestellt – und man muß annehmen, daß dieser gleichermaßen auch gegenüber der eigenen Bevölkerung propagandistisch genutzt wurde. Es handelte sich immer um ein offenkundiges Unrecht, das Angehörigen der Azteken zugefügt worden war. Meist genügte als Anlaß ein Überfall auf eine – vielfach in provokanter Absicht entsandte – Händlergruppe oder die Verweigerung freien militärischen Durchzuges, in anderen Fällen war es deutlicher die gestellte Forderung nach einem Akt der Unterwerfung und Anerkennung der Oberherrschaft, der in der Lieferung bestimmter Güter bestehen konnte, deren Nichterfüllung den Kriegszug auslöste. Insbesondere in näher gelegenen Gebieten entwickelten sich Eroberungen auch aus der Parteinahme für eine Adelsfraktion oder einen Ort gegenüber deren Kontrahenten, wobei das Endergebnis die Unterwerfung aller zu sein pflegte. Eine offizielle Kriegserklärung erfolgte nicht immer, besonders in entfernteren Gebieten wurde der Überfall vorgezogen, dem durch Spione vorgearbeitet worden war. Am Zielpunkt einer Kriegsexpedition angelangt, wüteten die aztekischen Truppen unter der Bevölkerung so lange, bis diese um Gnade bat und sich zu Tributleistungen bereiterklärte, deren Umfang vor Ort ausgehandelt wurde. Die fast immer siegreich heimkehrenden Truppen wurden in Tenochtitlan prunkvoll empfangen, und in zahlreichen Privilegien drückte sich die politische Bedeutung und persönliche Achtung aus, die den Kriegern als Gruppe und Einzelpersonen entgegengebracht wurden.

Der geringe Organisationsgrad des aztekischen Reiches begünstigte lokale Aufstände gegen die Azteken oder ihre Tributeinnehmer, die durch erneutes militärisches Eingreifen unterdrückt wurden. Derartige Rebellionen hatten nicht immer ihre Ursache in exzessiv empfundenen Tributforderungen, sondern waren vielfach Ausdruck von Auseinandersetzungen um die Herrschaft zwischen rivalisierenden Fraktionen in den betroffenen Gebieten. Obgleich gerade die produzierende Bevölkerung eine doppelte Belastung tragen mußte, da sie den Tribut an den Dreibund zusätzlich zu den Abgaben an den eigenen Adel zu erwirtschaften hatte, ist von größeren Volkserhebungen nichts bekannt.

In allen Dingen hatte mit der militärischen Expansion der Gebiete, aus denen Tribute eingezogen wurden, eine politische Konsolidierung des Reiches in keiner Weise Schritt halten können. Für die aztekischen Herrscher war Krieg eine nicht in Frage zu stellende Notwendigkeit, aber keineswegs ein Mittel der Politik. Daran hat auch die Verlangsamung der Expansionsgeschwindigkeit unter Motecuzoma II. und die teilweise Stabilisierung durch manche seiner Kriegszüge nichts grundsätzlich ändern können. Ansätze für eine zentral organisierte, hierarchisch gestufte Verwaltung finden sich im aztekischen Reich kaum. In dieser Beziehung könnte der Unterschied zum gleichzeitigen Reich der Inka nicht größer sein. Das aztekische Reich war hegemonial, indem es sehr unterschiedliche Einheiten durch Ausübung oder Androhung militärischer Gewalt zusammenhielt und imperial, indem es diese nicht zu integrieren versuchte, sondern vor allem wirtschaftlich ausbeutete. Auf wen auch immer die Spanier auf ihrem noch zu schildernden Eroberungszug trafen, alle fühlten sich nicht als Glieder eines aztekischen Reiches, sondern als Unterworfene mit dem Wunsch, dieses Joch abzuschütteln, was sich für die Spanier als idealer Ansatzpunkt erwies, dieses Reich aufzubrechen.

Kennzeichnend für die geringe politische Durchdringung des Reiches ist, daß die Azteken keine gezielten Maßnahmen getroffen haben, die die großen ethnischen, sprachlichen und kulturellen Verschiedenheiten besonders der entfernteren von ihnen eroberten Gebiete einzuebnen versucht hätten, um die unterworfenen Gebiete auch zu einem einheitlichen Staat zusammenzuschmelzen. Sie setzten vielmehr auf indirekte Einflußnahme durch die zumeist im Amt verbleibenden lokalen Herrscher. Wohl um sich ihrer Loyalität zu versichern, wurden sie verpflichtet, entweder selbst in Tenochtitlan zu wohnen, ein wichtiges Mitglied ihrer Familie dorthin zu entsenden oder ihre Söhne dort erziehen zu lassen. Zur Sicherung der Abhängigkeit wurden auch dynastische Mittel eingesetzt: Abhängige Herrscher erhielten Frauen aus der Dynastie von Tenochtitlan, und die diesen Verbindungen entstammenden Söhne haben dann regelmäßig auch den Thron übernommen. Umsiedlungen der Bevölkerung in eroberte Gebiete haben jedoch nicht stattgefunden, wenn man von den zahlenmäßig geringen Garnisonen und Wehrsiedlungen absieht. Auch haben die Azteken offenbar nichts unternommen, um ihre Sprache, das Nahuatl, in ihrem Herrschaftsgebiet zur offiziellen Sprache zu machen. Dennoch wurde diese Sprache wohl wegen ihrer politischen und wirtschaftlichen Bedeutung zur Zeit der Ankunft der Spanier fast überall verstanden.

Zumindest in den Gebieten in der Nähe des Beckens von Mexiko war eine grundlegende kulturelle Gemeinsamkeit als Folge ethnischer Verwandtschaft und eines kulturellen Substrates gegeben. Diese war besonders auf der Ebene des höheren Adels bewußt und wurde durch vielfältigen Austausch gepflegt, selbst wenn auf politischer Ebene die Beziehungen von Konfrontation geprägt waren. Diese Gemeinsamkeit schloß auch die oft als „Vettern" oder „Brüder" betrachteten Staaten östlich der Vulkankette im Becken von Puebla und Tlaxcala ein, die nicht von den Azteken unterworfen waren. Mit ihren Herrschern kamen sie trotz der andauernden Kriege regelmäßig bei religiösen Zeremonien und Dichtertreffen zusammen. Das Bewußtsein der kulturellen Zusammengehörigkeit drückte sich auch darin aus, daß in dem wichtigen religiösen (und wirtschaftlichen) Zentrum Chollollan auch ferne lebende Völker ihre ständigen Unterkünfte für die Teilnahme an religiösen Feiern hatten.

Wirtschaft

Das Zentrum des aztekischen Reiches war sowohl für die Versorgung mit Lebensmitteln als auch für die meisten Luxusgüter auf Einfuhr angewiesen. Diese wurde durch zwei grundsätzlich unterschiedliche, aber dennoch vielfältig miteinander verflochtene Systeme gewährleistet: Den Handel und den Tribut.

Grundprinzip des Tributes war die mehr oder weniger willkürliche Definition eines Überschusses der landwirtschaftlichen und handwerklichen Produktion einer Bevölkerung auf der Grundlage eines Abhängigkeitsverhältnisses, seiner Abschöpfung zu Gunsten zentraler Instanzen und Akkumulierung letztlich in der Hand des Herrschers. Ein wesentlicher Teil diente zum Unterhalt des Herrscherhauses und der davon schwer zu trennenden Staatsverwaltung. In der Gegenrichtung wurden vom Herrscher als der steuernden Instanz des Staates die bei ihm zusammengekommenen Güter entsprechend seiner Interessenslage und den momentanen Bedürfnissen rückverteilt. Vermutlich den größten Teil der Tributeinkünfte erhielten die verschiedenen Amtsträger des Staates als Entschädigung für dauernd oder fallweise geleistete Dienste. Die damit geschaffene Abhängigkeit dieser Personen vom Herrscher sicherte in weiten Bereichen deren Loyalität und gewährleistete erst das Funktionieren der Verwaltung. Weitere Tributgüter wurden im Rahmen großer Zeremonien mit allen Anzeichen bewußt zur Schau getragenen Konsums als Belohnung an erfolgreiche Krieger und Gefolgsleute weitergegeben oder zur Speisung des Volkes im Rahmen des religiösen Rituals verwendet. Schließlich spielten Tributgüter auch als Investition des Herrschers im Fernhandel eine Rolle. Die Höhe der Tributforderungen war ein politischer Preis, den der zentrale Herrscher nach Belieben und politischer Opportunität festsetzte. Sowohl Ahuitzotl wie Motecuzoma II. hoben in zahlreichen Fällen die Tribute beträchtlich an, aber es kamen auch Verringerungen vor.

Weniger spektakulär war die Verwendung der Tributgüter zur Entlohnung von Handwerkern, zur Verpflegung von Arbeitskräften bei öffentlichen Arbeitseinsätzen und zur Anlage von Vorräten für Notzeiten. Entsprechende Mechanismen der Rückverteilung existierten auch auf der Ebene lokaler Herrscher- und Adelshäuser. Es wird in der Forschung argumentiert, daß letztlich alle Angehörigen des Volkes Gegenleistungen für ihren Tribut empfingen, indem ihnen Schutz vor Angriffen, Recht zur Landnutzung, Hilfe in Notzeiten gewährt wurde und der Adel die für die Sicherung des Lebens erforderliche Durchführung des Kultes organisierte. Ob dies nur einer theoretisch vorgestellten Balance entspricht oder auch tatsächlich so empfunden wurde, muß dahingestellt bleiben.

Offensichtlich hat jeder der drei Partner im Dreibund eine eigene Tributverwaltung betrieben, da die Ablieferungspflichten genau aufgeteilt und differenziert waren. Es wird berichtet, daß ein Teil der Tributlieferungen unter den Mitgliedern des Dreibundes in der Form aufgeteilt wurde, daß Tenochtitlan und Tetzcoco je zwei Fünftel, Tlacopan ein Fünftel der eingehenden Lieferungen erhielten. Vermutlich ist dies eher eine pauschale Aussage, die die tatsächlichen Verhältnisse nur ungenau widerspiegelt. Vielmehr konnten die Leistungen desselben Ortes je nach Tributkategorie an verschiedene Ziele gehen. Andere Gebiete lieferten ausschließlich an eine der drei Mächte des Dreibundes. Vermutlich führten Machtverschiebungen innerhalb des Dreibundes auch immer wieder zu Verlagerungen von Tributverpflichtungen.

Die Zusammenfassungen der Tributübersichten von Tenochtitlan, die nach der Conquista für die an der wirtschaftlichen Leistungsfähigkeit des Landes natürlich ebenfalls sehr interessierten Spanier angefertigt wurden, zeigen die Einteilung der unterworfenen Gebiete in mindestens 38 Tributprovinzen. Zu regelmäßigen, aber nicht einheitlichen Terminen waren exakt festgelegte Mengen bestimmter Waren der Kategorien Nahrungsmittel, Rohmaterialien, Luxus- und Verbrauchsgüter nach Tenochtitlan zu liefern. Die Grundnahrungsmittel Mais, Bohnen und Kürbis, die gemeinsam angebaut wurden, kamen ausschließlich aus dem Becken von Mexiko und den umgebenden Talregionen, da sich Massengüter ohne Transporttiere und Fahrzeuge nur aus einer begrenzten Entfernung sinnvoll herbeischaffen ließen. Die häufigste, von fast allen Tributprovinzen abzuliefernde Warengattung bildeten Baumwolldecken, entweder einfach und undekoriert oder mit bestimmten, genau vorgegebenen Mustern geschmückt. Ansonsten waren

43

die vorgeschriebenen Güter vielfach typische Produkte der betreffenden Region, wie Felle und farbige Vogelfedern von Tieren, die in den Tiefländern heimisch waren, Meeresschnekken oder die als Zahlungsmittel verwendeten Kakaobohnen. In anderen Fällen waren bestimmte Artikel wie spezielle Kleidungsstücke und prächtige Kriegerkostüme nach genauer Vorgabe aus Materialien anzufertigen, die die Tributpflichtigen erst im Handel erwerben mußten. Neben der Ablieferung von Gütern gehörten bei nahegelegenen Gebieten auch Arbeitseinsätze bei großen Bauvorhaben der Hauptstädte zur Tributleistung, etwa bei den regelmäßig ausgeführten Erweiterungen der zentralen Tempel und ihrer Nebengebäude.

Die Tributlisten verzeichneten das „Soll", die vorgeschriebenen Leistungen, geben aber keine Auskunft darüber, in welchem Umfang die Forderungen erfüllt wurden und was wirklich in Tenochtitlan ankam. Daß ganze Regionen in einzelnen Listen fehlen, könnte auf Anpassungen an veränderte Gegebenheiten hinweisen. Immer wieder verweigerten unterworfene Orte die Lieferung und rebellierten auf diese Weise gegen die aztekische Herrschaft, die ihrerseits mit Militäraktionen zu reagieren pflegte. In jedem Fall war aber die Gesamtmenge der Tributeinkünfte so groß, daß sie das wirtschaftliche System der Azteken entscheidend prägte. Ohne sie wären weder die bevölkerungsreichen Städte der Dreibund-Mächte zu versorgen noch die aufwendigen Kulthandlungen oder die prunkvolle Repräsentation der Herrscher und des Adels oder der lokale und Fernhandel möglich gewesen. Die überaus reichhaltigen Niederlegungen von Opfergaben, die die jüngsten Ausgrabungen am Haupttempel von Tenochtitlan ans Licht brachten, machen die gewaltige Menge der vorhandenen kostbaren und exotischen Waren deutlich.

Im Zusammenhang der Tributleistungen ist auch die Nutzung großer Ländereien in den eroberten Gebieten zu sehen, die den angestammten einheimischen Besitzern entzogen wurden (ob deren Erträge in den in den Listen aufgeführten Mengen einbezogen waren, ist unklar). Andere enteignete Ländereien in nahegelegenen Gebieten wurden aztekischen Adligen als Entschädigung für den Kriegsdienst zugewiesen oder dienten zur Versorgung von Amtsträgern. Weitere Tributlasten waren die Verpflegung und Trägerdienste für das durchmarschierende Heer der Azteken.

Grundsätzlich war die Einhebung des Tributes einer Provinz Aufgabe der heimischen Verwaltung. Für die pünktliche und vollständige Erfüllung der Ablieferung an die Zentralmächte sorgte ein aztekischer Tributverwalter (*calpixqui*). Er war zugleich der örtliche Repräsentant der aztekischen Zentralmacht und verhielt sich auch entsprechend. Wie verschiedene Vorfälle zeigen, waren die Tributverwalter verhaßte Personen – das erlebten auch die Spanier, die sich dies sogleich zunutze machten.

Der Handel spielte sich auf verschiedenen Ebenen ab. Die täglich oder in kurzen regelmäßigen Abständen abgehaltenen Märkte boten nicht nur den Produzenten die Gelegenheit, ihre Waren zu verkaufen, sondern auch berufsmäßigen Händlern, die regional arbeiteten. Obwohl Geld nicht vorhanden war, gab es einzelne standardisierte Wertmesser wie Kakaobohnen oder Goldstaub in Federkielen. Im Becken von Mexiko war der von den Spaniern bewundernd beschriebene Markt von Tlatelolco der bedeutendste. Der überregionale Warenverkehr lag in den Händen der vollberuflichen Fernhändler (siehe S. 51), die eine besondere, durch Privilegien herausgehobene Bevölkerungsschicht bildeten, deren wirtschaftliche Macht ihr eine auch politisch nicht unbedeutende Rolle verlieh. Die Fernhändler ermöglichten durch ihre expeditionsartigen Züge einen Warenaustausch weit über die Grenzen des aztekischen Herrschaftsgebietes bis zu politisch neutralen internationalen Umschlagplätzen, so an den Grenzen zum Gebiet der Maya.

6. Das Oben und Unten – Die gesellschaftliche Ordnung

Ebenso wie in den anderen Bereichen ihrer Kultur waren die Stadtstaaten des zentralen Mexiko und die drei Bündnispartner des aztekischen Reiches auch in den Grundzügen ihrer gesellschaftliche Ordnung weitgehend einheitlich. Die Bevölkerung läßt sich in zwei soziale Schichten gliedern, die in sich aber deutlich weiter gestaffelt waren: Rund 10% der Bevölkerung gehörten dem Geburtsadel (*pilli*) an, dem die nicht-adlige Bevölkerung (*macehualli*) gegenüberstand. Sowohl zwischen den beiden großen Schichten als auch deren Unterteilungen war eine soziale Mobilität so gut wie nicht gegeben. Lediglich durch besondere kriegerische Leistungen war sozialer Aufstieg möglich. Erfolge im Krieg waren aber vor allem innerhalb der Schichten die Voraussetzungen für Erhöhung des persönlichen Status, der sich in offen zur Schau getragenen Insignien und Titeln ausdrückte und Voraussetzung für die Besetzung öffentlicher Ämter war. Nicht-Adlige erlangten auf diesem Weg auch Tributfreiheit und Zuweisung von Land, in dessen Nutzung sie allerdings gewissen Beschränkungen unterlagen. Sie bildeten eine Art nichterblichen Verdienst- oder Dienstadel. Ähnliches galt im Bereich der Priesterschaft.

Der Adel

Der Geburtsadel war in sich deutlich geschichtet. Die Adelsgeschlechter und Familienlinien unterschieden sich nach Herkunft, Abstammung, Besitz und Macht. Rang und Prestige drückten sich im „Besitz" bestimmter historischer Titel aus, die teilweise auch Hinweise auf eine ursprüngliche oder in Anspruch genommene ethnische Zugehörigkeit geben. Dieselben Titel traten oft mehrfach in verschiedenen Stadtstaaten auf, andererseits konnte eine Person auch mehrere Titel aus unterschiedlichen Abstammungslinien auf sich vereinen und sie auch getrennt weitergeben. Die Führung eines Adelshauses war nicht einfach vererbbar; der Nachfolger wurde zwar meist unter den ältesten Söhnen der ranghöchsten Ehefrau bestimmt, mußte jedoch zuvor seine Eignung vor allem durch Erfolge im Krieg und bei der Ausführung niederer Ämter nachgewiesen haben. Abweichungen von dieser Regel kamen vor; so haben auch weibliche Nachkommen vereinzelt die Führung eines Adelshauses übernommen. Der in der Familie bestimmte Nachfolger bedurfte der öffentlichen Anerkennung durch die anderen Adelshäuser des Ortes oder das Oberhaupt des Stadtstaates, teilweise auch durch seine Untergebenen. Dieser Akt war keineswegs immer nur eine Formalität. Die Amtsübernahme war mit religiösen Zeremonien verbunden, darunter auch die Durchbohrung der Nasenscheidewand, in die ein Schmuckstück eingesetzt wurde, sowie einer Verteilung von kostbaren Geschenken an die Teilnehmer.

Der Mittelpunkt eines Adelsgeschlechtes und Sitz seines Oberhauptes war der „Palast". Zu ihm gehörte ein oft beachtlicher Landbesitz, der teils dem Oberhaupt direkt unterstand, teils an Angehörige seiner engeren Familie oder der Nebenlinien vergeben worden war. Die Ländereien wurden innerhalb des Adelshauses, vielfach zusammen mit Titeln und Funktionen, vererbt und konnten durchaus auch in der weiblichen Linie weitergegeben und ähnlich wie Privatbesitz behandelt werden. Sowohl im Rang wie im Reichtum gab es innerhalb des Adels gewaltige Unterschiede, die auch nach außen erkennbar gemacht wurden. Während es sich vermutlich die meisten Adligen der größeren Stadtstaaten leisten konnten, mehrere Frauen zu heiraten und einen entsprechend großen Haushalt zu führen, waren Adlige minderen Ranges oft nicht von der bäuerlichen Landbevölkerung zu unterscheiden.

Ausschließlich der Adel verfügte über Landbesitz, wobei die Frage schwer zu beantworten ist, wie weit das Verfügungsrecht eines einzelnen ging und ob es sich im altweltlichen Sinn um Privatbesitz handelte mit der Möglichkeit des Verkaufes oder Austausches gegen andere Güter. Die Ländereien eines Adligen lagen nicht zusammenhängend, sondern über das ganze Einflußgebiet seines Adelshauses oder, nach Eroberungen, sogar entfernte Teile des Staatsterritoriums verteilt. Ihr Wert bestand nicht in einem akkumulierbaren und durch Veräußerung realisierbaren Kapital, das dann anderweitig investierbar gewesen wäre, sondern ausschließlich in der auf ihnen erzielten Produktion. Deshalb waren mit dem Land abhängige Bauern verbunden, die es bearbeiten. Ebenso wie andere abhängige Angehörige eines Adelshauses, vor allem Handwerker, haben sie einen festgelegten Teil der Erträge an das Adelshaus abgeführt. Darüber hinaus leisteten sie und ihre Familienangehörigen verschiedene Dienste im Haushalt der Adelsfamilie. Das Adelshaus war somit auch ein wirtschaftliches Unternehmen, dessen Funktionieren durch die politische Macht gewährleistet wurde. Diese Macht war im Oberhaupt der Adelsfamilie zentralisiert. Adelshäuser unterschieden sich in ihrem Einfluß und ihrer Bedeutung sowohl nach traditioneller, auf tatsächliche oder fiktive historische Anciennität zurückgehender Gewichtung, als auch nach der Zahl der Abhängigen. Für die jungen männlichen Adligen fand in den den wichtigen Tempeln angegliederten Schulen *(calmecac)*, eine militärische Ausbildung statt, es wurden aber auch Kenntnisse in Religion und Verwaltung vermittelt und die für Adlige als wichtig erachteten Fähigkeiten wie Dicht- und Redekunst entwickelt.

Herrscher

In jedem Stadtstaat gab es entweder einen zentralen, häufig jedoch mehrere einander gleichrangige Herrscher *(tla'toani)*. Letztere verkörperten zusammen den Staat und agierten in der Regel gemeinsam, auch wenn oft einer von ihnen einen gewissen Vorrang hatte. Sie waren die Oberhäupter von weit verzweigten Dynastien mit einer Vielzahl von abstammungsmäßig verbundenen Adelshäusern. Die Legitimation der Herrscher wurde wie die der Adelshäuser auf tatsächliche oder fiktive Ahnherren aus der Zeit der Einwanderung und Landnahme begründet und durch spezielle Titel verdeutlicht. Zusätzliches Gewicht erhielt eine Herrscherdynastie auch durch Eheschließungen mit Frauen aus prestigeträchtigen Adelslinien anderer traditionsreicher Orte. Auf diese Weise waren die Herrscherfamilien im Becken von Mexiko durch zahlreiche verwandtschaftliche Verbindungen miteinander verknüpft. Die Herrscherfamilien von Tenochtitlan und Tetzcoco waren seit jeder Generation miteinander durch Eheschließungen verbunden (siehe Genealogie). Die Dynastie von Tenochtitlan war zunehmend bemüht, ihre wichtigsten Mitglieder mit Frauen aus der eigenen Familie zu verheiraten. Ab dem 6. Herrscher (Axayacatl) stammten alle Herrscher auch mütterlicherseits von früheren aztekischen Herrschern ab. So war die Lieblingstochter Motecuzomas II., Tecuichpoch, nacheinander mit Atlixcatl, einem Sohn Ahuitzotls und als Tlacateccatl designierter Herrscher, der aber in einem Blumenkrieg fiel, und den Herrschern Cuitlahuac II. und Cuauhtemoc verheiratet. Es ist sicher nicht zufällig, daß später der Eroberer Mexikos, Cortés, mit ihr eine Tochter, Doña Leonor Cortés y Moctezuma, zeugte.

Die Herrscher hatten religiöse, richterliche und administrative Funktionen, ihre Paläste waren wirtschaftlicher und politischer Mittelpunkt des Staates. Sie bildeten staatliche Allianzen und entschieden über Krieg und Frieden. Ihnen zur Seite stand eine breite Funktionärsschicht, die ausschließlich aus dem Geburtsadel kam. Auch wenn die kolonialen Berichte von einer großen Zahl von Amtsträgern und Gremien sprechen und altweltliche Analogien anführen, sind deren Zuständigkeit und Machtbereich nicht klar festzulegen. Mehrere Bereiche lassen sich erkennen: die Rechtsprechung, die Tributverwaltung, die Militärorganisation. Auch in der hierarchisch aufgebauten Priesterschaft waren die Adligen vorherrschend, sie konnten durchaus zwischen religiösen und weltlichen Ämtern wechseln. Allen Amtsinhabern standen die Erträge von speziellen Ländereien zu, die an dieses Amt gebunden waren und von abhängigen Bauern bearbeitet wurden. Im Herrscherhaus wurden Kunsthandwerk, Musik und Dichtkunst – unter Beteiligung der Frauen, bei denen von hervorragenden Talenten berichtet wird – gepflegt, die bis in philosophische Überlegungen hineinreichten. In dieser Hinsicht besonders bedeutend war der Hof von Tetzcoco.

Die Nicht-Adligen

Die Mehrzahl der Bevölkerung gehörte einer der nicht-adligen Schichten an. Zumeist waren sie Bauern, zum Teil zusätzlich

Handwerker. Die Wirtschaftseinheit war der Haushalt, der aus einer Familie bestand, die mehr als eine Generation umfaßte und mehrere verheiratete Geschwister vereinte. Die Ehen waren monogam, das jung verheiratete Paar pflegte zur Familie des Mannes zu ziehen. Unter Umständen gehörten dem Haushalt auch weitere verwandtschaftlich nicht verbundene Familien oder Ehepaare an. Die Angehörigen dieser Schicht lassen sich je nach der Rechtsform des Landes, das sie bearbeiteten, unterscheiden.

Ein je nach Region verschieden großer Teil der nicht-adligen Bevölkerung bearbeitet Land eines Adelshauses oder eines seiner Angehörigen und war insofern von diesem unmittelbar abhängig. Diese Bauern lieferten dem Besitzer des Landes einen festgelegten Teil der Erträge ab, entsprechend verfuhren auch die Handwerker mit ihren Produkten. Obwohl sie zumeist in lockerer Siedlungsweise auf dem Land des Adligen wohnten, waren sie jedoch nicht unlösbar an diesen gebunden, sondern konnten fortziehen und das Land eines anderen unter ähnlichen Bedingungen bearbeiten. Zumindest in der frühen Kolonialzeit wurde von dieser Möglichkeit immer wieder Gebrauch gemacht. Für diese Bauern verwenden einige miteinander in Zusammenhang stehende Quellen den sicherlich nicht allgemein üblichen Begriff *mayeque'* (Plural).

Ein anderer Teil der nicht-adligen Bevölkerung gehörte örtlich gebundenen korporativen Verbänden an. Die sozial wenig geschichteten Verbände, die nicht durch verwandtschaftliche Verbindungen, aber eine gemeinsame ethnische Herkunft konstituiert waren, waren in einzelnen Gebieten die kollektiven Eigentümer eines örtlich unterschiedlich großen Teiles des Landes. Das Land war in Parzellen an die Mitglieder verteilt, die es dauernd und ohne individuelle Abgabeverpflichtungen nutzen konnten. Das Anrecht war vererbbar, konnte jedoch nicht veräußert werden und fiel bei Nichtbearbeitung an die Gemeinschaft zurück. Kleine Teile des Landes wurden gemeinschaftlich für die Institutionen des Verbandes, zu denen der örtliche Tempel und die Erziehungseinrichtungen (*telpochcalli*) für die jungen Männer gehörten, und für den Un-

50

terhalt des Vorstehers der Gemeinschaft bewirtschaftet. Die Tributverpflichtungen eines Verbandes an den lokalen Herrscher waren unterschiedlich. Häufig wurde ein für den Herrscher abgeteiltes Stück Land bearbeitet und seine Erträge abgeliefert, ferner waren Kriegsdienst und andere Arbeiten zu leisten. Die korporativen Verbände der Nicht-Adligen werden oft als *calpolli* bezeichnet, doch ist dieser Begriff nicht eindeutig. An ihm läßt sich zeigen, wie schwer es ist, zu klaren Schlußfolgerungen zu kommen: Bis in die jüngste Zeit wurde das *calpolli* ausschließlich so verstanden, wie es der hohe Kolonialbeamte Alsonso de Zorita Ende des 16. Jahrhundert modellhaft und scheinbar für ganz Zentralmexiko geltend beschrieben hat. In einem noch unveröffentlichten Manuskript erklärt Zorita, sein Wissen stamme von einem Franziskaner, der in der Mitte des Jahrhunderts in Puebla gearbeitet und speziell die dortigen Verhältnisse beschrieben hat, die aus historischen Gründen jedoch nicht repräsentativ waren. Die Stadtviertel von Tenochtitlan waren in kleinere Einheiten gegliedert, die *tlaxilacalli* genannt wurden und manche Funktionen der *calpolli* erfüllten, jedoch offensichtlich keinen korporativen Landbesitz (mehr) hatten.

Die Kinder der Nicht-Adligen wurden nach einer harten Erziehung innerhalb der Familie in Schulen (*telpochcalli*) vor allem zum Krieger ausgebildet, die jungen Männer hatten aber auch allgemeine Gemeinschaftsarbeiten zu leisten.

Unter den Nicht-Adligen ragten als besondere Gruppen bestimmte spezialisierte Handwerker und die Fernkaufleute (*pochtecatl*) hervor. Letztere bildeten eine besonders deutlich abgegrenzte und in sich geschichtete Bevölkerungsgruppe, die in den Städten in eigenen Wohnvierteln lebte, ihre eigenen Zeremonien abhielt und einem besonderen Verhaltenskodex gehorchte. Ihre hervorgehobene Stellung wird in eigener Gerichtsbarkeit ebenso sichtbar wie in der Befreiung von Dienstleistungen. Anderseits gaben sie aus ihren Waren dem Herrscher einen Tribut. Besonders die Fernhändler, die den Warenverkehr bis in die Tiefländer jenseits der Grenzen des Reiches abwickelten, konnten beträchtlichen Reichtum erwerben und dadurch eine dem Adel vergleichbare gesellschaftliche Position einnehmen. Sie waren jedoch darauf bedacht, ihre Stellung nicht durch allzu herausforderndes Verhalten zu gefährden. Die größte Bedeutung hatten die Händler von Tlatelolco, aber entsprechende Händler gab es auch in anderen größeren und kleineren Städten. Sie führten ihre Handelszüge gemeinsam durch. Die Herrscher beteiligten sich mit Tauschwaren aus eigenem Besitz. Eine wichtige Rolle im Handelssystem spielten innerhalb des Reiches gelegene Knotenpunkte wie Coaixtlahua'can und Tochtepec. Um die außerhalb des Reiches gelegenen politisch neutralen Freihandelsplätze, vor allem die Zone von Xicallanco, zu erreichen, marschierten die Händler in Kampfausrüstung durch das dazwischenliegende feindliche Gebiet, erhielten aber auch von den Freihandelsplätzen aus militärische Bedeckung. Dort waren die lokalen Herrscher ihre Austauschpartner. Auf anderen Routen, so bis nach Tzinacantlan im Hochland von Chiapas, zogen die Händler als Einheimische verkleidet und sich deren Sprache bedienend, immer in Gefahr, erkannt und getötet zu werden.

Auch bestimmte hochspezialisierte Handwerker wie die Gold- und Silberschmiede, Edelsteinschneider und Federarbeiter bildeten eigene korporative Verbände. Sie wohnten in getrennten Stadtvierteln und verehrten ihre besonderen Gottheiten. Ob sie von ihren Handwerksprodukten Teile als Tribut abzugeben hatten oder ob alles über die Märkte abgesetzt wurde, läßt sich den Quellen nicht zweifelsfrei entnehmen. Jedenfalls hatten sie aber bestimmte Dienstleistungen zu erbringen. Die kostbaren Rohmaterialien wurden von den Auftraggebern, vor allem dem Adel und dem Herrscherhaus, bereitgestellt und stammten aus dem Aufkommen des Tributes und des Fernhandels.

Nicht eindeutig in altweltliche Begriffen zu fassen sind die niedrigsten Bevölkerungsschichten. Dies gilt besonders für die in den Quellen meist als Sklaven bezeichneten *tlaco'tli*. Diese Menschen hatten nur ihre Arbeitskraft für eine begrenzte Zeit einem anderen überlassen, entweder freiwillig, um damit Schulden abzutragen oder erhaltene Waren (Nahrungsmittel im Fall einer Mißernte) zu bezahlen, oder sie waren als Buße und Schadensersatz für begangene Verbrechen dazu verurteilt worden. Sie arbeiteten vor allem im Haushalt. Nach Ablauf der Frist oder Ausgleich der Schuld waren sie wieder frei. Frei waren auch ihre Ehepartner und die in dieser Zeit geborenen Kinder. Der *tlaco'tli* hatte seinen eigenen Haushalt und anderen Besitz (unter Umständen selbst wieder *tlaco'tli*). Nur im Fall von Widersetzlichkeit oder entsprechend einem Urteil konnte jemand lebenslang *tlaco'tli* werden, verkauft oder zum Opfer bestimmt werden.

Lastträger (*tlamama'*) waren das wichtigste Transportmittel, da Tragtiere und Wagen unbekannt waren. Sie wurden vor allem von Händlern eingesetzt, bei der Ablieferung von Tributen oder bei Kriegszügen. Ihre Arbeit war hart und wenig angesehen. Es ist nicht völlig geklärt, ob es eine eigene abgegrenzte soziale Schicht der *tlamama'* gab. Trägerdienste wurden jedenfalls auch von der nicht-adligen Bevölkerung im Rahmen ihrer Arbeitsverpflichtungen erfüllt.

7. Damit die Welt besteht – Religion und Kult

Bei den Azteken und ihren Nachbarn war das ganze Leben, von den täglichen Verrichtungen in der Familie bis zu den repräsentativen Akten des Staates, von dem – trotz zahlreicher Varianten – im wesentlichen einheitlichen religiösen Grundsystem durchzogen. Unsere Kenntnis der Religion ist begrenzt, weil die katholischen Missionsbemühungen den Zugang zu den aztekischen Priestern, den kenntnisreichsten Spezialisten der Religion in Theorie und Praxis, verschüttet haben und später in der Kolonialzeit auch den Mönchen die Beschäftigung mit der heidnischen Religion untersagt wurde.

Im Verständnis der Azteken existierte eine kosmische Ordnung, der selbst die Götter unterworfen waren. Nach ihrer Vorstellung hatte die Welt bereits vier Zeitalter durchlebt, die jeweils von anderen Lebewesen geprägt und durch charakteristische Katastrophen in bestimmten Momenten zu Ende gegangen waren. Die gegenwärtige Welt gehörte der fünften dieser „Sonnen" an und sollte dereinst durch Erdbeben zugrunde gehen. Wie die gegenwärtige Welt entstanden ist, schildern die Mythen keineswegs einheitlich. Nach einer Tradition opferten sich im nächtlichen Dunkel auf Beschluß der versammelten Götter zwei von ihnen im Feuer und erschienen als Sonne und Mond neu. Um diese in ihre regelmäßige Bewegung zu setzen, bedurfte es aber noch des freiwilligen Opfers der übrigen Götter. Aus diesem Selbstopfer der Götter leiteten die Azteken die Notwendigkeit ab, den Bestand der gegenwärtigen Welt durch zahlreiche Menschenopfer zu sichern. Unterschiedliche Akte der Kulturschöpfung werden dann verschiedenen Göttern zugeschrieben.

Aus der großen Zahl der durch ihre Namen, Funktionen und Zuordnungen unterschiedenen Götter, die vielfach in jeweils verschiedenen Aspekten auftreten, ein geordnetes Pantheon zu rekonstruieren, ist bislang nicht gelungen und entspräche auch sicher nicht den aztekischen Vorstellungen. Kennzeichnend war, daß die Gottheiten je nach ihren verschiedenen Aspekten einen anderen Charakter annahmen oder in eine andere Gottheit übergingen. Regionale Unterschiede mit abweichender Benennung identischer Gottheiten machen das Bild noch weiter unübersichtlich.

Der Gott Quetzalcoatl, der in den Berichten vielfach mit dem gleichnamigen sagenhaften Herrscher von Tollan (s. S. 67) zusammenfließt, ist die eigentliche Schöpfergottheit. Ihm verdankten die Menschen die wichtigen Weisheiten und Erfindungen, aber auch die Nahrungsmittel. Als Windgott E'ecatl, der besonders an der Golfküste verehrt wurde, bereitete er außerdem die Fruchtbarkeit bringenden Regenfälle vor. Schließlich tritt Quetzalcoatl auch als Morgenstern auf, sowie in anderen Manifestationen als Gott der Kaufleute (Yacatecutli).

Die bedeutendste und zugleich vielgestaltigste Gottheit war Tezcatlipoca, erkennbar an dem seinem Namen entsprechenden rauchenden Obsidianspiegel anstelle des rechten Fußes. Er war die Gottheit der Vorsehung, allgegenwärtig und allwissend, wie seine Beinamen Ipalnemohuani („er schenkt das Leben") und Tloque' Nahuaque' („sein ist alle Nähe") erkennen lassen. Tendenziell war er destruktiv, mit der Nacht verbunden und mit dem Krieg.

Aber nicht diese beiden Gottheiten genossen bei den Azteken die zentrale Verehrung im Haupttempel. Der Doppeltempel (zwei beinahe gleiche Tempelgebäude standen nebeneinander auf einer breiten Pyramide mit zwei parallelen, vorspringenden Treppen) war zwei anderen Gottheiten geweiht: An erster Stelle Huitzilopochtli, der eigentlichen Gottheit der Azteken, die sie von ihrer Urheimat Aztlan nach Tenochtitlan geführt und bei allen Schwierigkeiten geleitet hatte. Die andere Hälfte des Haupttempels war dem Regengott Tlaloc, einer seit uralter Zeit verehrten Gottheit, geweiht. Man erkennt sein Gesicht leicht an der brillenartigen Umrahmung der Augen und der eigenartig fransenartigen Form der Oberlippe. Er brachte die Regen der Regenzeit und sorgte damit für die Ernte. Wohl weil sich die Wolken um die hohen Berggipfel sammeln, wurden Tlaloc und seine zahllosen gleichnamigen Helfer auf den Bergen verehrt, wo ihnen bei Dürre kleine Kinder zum Opfer gebracht wurden.

Zu erwähnen sind die männlichen und weiblichen Gottheiten für Mais und den berauschenden vergorenen Agavensaft Pulque, die Göttinnen für Fruchtbarkeit und Geburt, und der mit der Fruchtbarkeit verbundene Gott Xipe Totec. Für ihn wurden Opfer dargebracht, denen die Haut abgezogen und von einem Priester übergestreift wurde. Schließlich sind die männlichen und weiblichen Götter der Unterwelt und des Todes zu nennen.

Jede Bevölkerungsgruppe verehrte ihre spezielle Gottheit. Ihre Verkörperung war das „Heilige Bündel" (*tlaquimilolli*), das aus verschiedenen mit der Gottheit durch Mythen verbundenen Gegenständen bestand, die wie eine Traglast in ein Tuch eingewickelt waren und bei Wanderungen (wie der der Azteken aus Aztlan) mitgetragen und später im Tempel aufbewahrt wurden. Im weiteren Sinn drückte das Bündel damit auch die ethnische Identität aus. In Tenochtitlan war deshalb ein eigener Tempel (*coateocalli*) zur Aufnahme der Götter der unterworfenen Völker eingerichtet worden.

Die zeitliche Ordnung des Kultes geschah durch mehrere rituelle Kalender. Als wichtigster gilt ein Zyklus von 260 Tagen, gebildet durch die Kombination von 20 „Zeichen", Namen von Tieren und Naturerscheinungen, die mit den Zahlen 1 bis 13 so kombiniert werden, daß 260 verschiedene Tagesbenennungen entstehen, die in identischer Abfolge immer wiederkehren. Die Tage dieses Kalenders dienten zu Wahrsagezwekken, wofür auch spezielle Bilderhandschriften herangezogen wurden. In ihnen war dieser Zyklus auf immer wieder andere Art in kleine Zeitabschnitte eingeteilt, die mit bestimmten Gottheiten in Verbindung gebracht wurden und Hinweise enthielten, ob ein Tag für bestimmte Tätigkeiten günstig war.

Daneben bestand ein normales Jahr von unveränderlich 365 Tagen, das in 18 Abschnitte zu 20 Tagen und einen Rest von 5 Tagen eingeteilt war. Die Tage eines Abschnittes dienten im Kult zur Vorbereitung auf ein besonderes Hauptfest am Ende des Abschnittes. Die restlichen fünf Tage wurden als so unglücklich betrachtet, daß man jegliche Tätigkeit vermied. Außerdem wurden weitere kurze und längere Tageszyklen verwendet, die mit bestimmten Reihen von Gottheiten verknüpft waren und ebenfalls zur Wahrsagerei genutzt wurde.

Die Jahre wurden nach dem Tag des 260tägigen Zyklus benannt, der auf einen bestimmten Tag des Jahres fiel. 52 verschiedene Namen waren möglich, danach wiederholten sich die Namen in derselben Reihenfolge. Die Folge war die Vorstellung, daß nach 52 Jahren sich alles erneuern müßte. Für die Geschichtsquellen bedeuten die wiederkehrenden Jahresnamen, daß die ihnen zugeordneten Ereignisse nicht eindeutig mit dem europäischen Kalender zu verbinden sind.

Bei den großen kultischen Feierlichkeiten spielten Menschen als Repräsentanten der jeweiligen Gottheiten eine wichtige Rolle. Sie führten üblicherweise ein Jahr lang ein prachtvolles, aber wohlbewachtes Leben in der Vorbereitung auf das Fest, zu dessen Höhepunkt sie dann für die von ihnen vertretene Gottheit geopfert wurden. Die Zahl der Menschenopfer insgesamt wird in den Quellen sicherlich übertrieben, war jedoch zweifelsfrei hoch. Abzulehnen sind moderne Bemü-

56

hungen, die Menschenopfer einerseits durch sehr willkürliche Quellenauslegung überhaupt zu leugnen, sowie andere, die den mit ihnen verbundenen rituellen Kannibalismus als Maßnahme deuten, durch den ein angeblicher Eiweißmangel bei der Ernährung der Bevölkerung ausgeglichen worden wäre.

Neben dem offiziellen, staatlich organisierten Kult oder dem einzelner Bevölkerungsgruppen, der mit großem Aufwand von einer Vielzahl unterschiedlicher Priester unter Mitwirkung des Adels in den Tempelbezirken der Städte zelebriert wurde, gab es auch den täglichen Kult in der Familie. Hier spielten einfache Stein- und Tonfiguren eine Rolle, denen unaufwendige Opfer dargebracht wurden.

Eine besondere religiöse Wertung wurde bei den Azteken den Frauen als den Gebärerinnen der zukünftigen Krieger zuteil. Frauen spielten auch im Kult mehrerer weiblicher Gottheiten eine aktive Rolle. Gemeinsam war allen Ebenen des Kultes die Bedeutung bestimmter ritueller Handlungen, wie der Kasteiungen insbesondere durch Opfer des eigenen Blutes, das mit Dornen und Stacheln entnommen und auf besonderen Opferpapieren durch Verbrennen dargebracht wurde, das Darbringen verschiedener Formen von Weihrauch, das Opfern von Tieren, besonders Wachteln, aber auch Fasten, nächtliches Wachen oder verdienstvolle Tätigkeiten wie das Fegen eines Platzes oder das kultische Tanzen.

8. „Steinzeit" mit anderem Gesicht – Aztekische Technik

So beeindruckend die Städte der Azteken und ihrer Nachbarn und Vorfahren auch erschienen, ihre Kultur befand sich auf einer Ebene technischer Entwicklung, die in Europa und im Mittelmeerraum schon seit Jahrtausenden überholt war. Aber was uns im Hinblick auf die Leistungen der altamerikanischen Kulturen in anderen Bereichen als Ungleichgewicht erscheinen kann, ist tatsächlich Beweis für die unterschiedlichen Wege, die die kulturelle Weiterentwicklung des Menschen in verschiedenen Teilen der Welt genommen hat.

Die Liste technischer Errungenschaften, die bei den Azteken

wie bei ihren Nachbarn (zumeist aber in ganz Amerika vor Ankunft der Europäer) fehlten, ist lang. Sie wird üblicherweise mit Rad und Wagen begonnen, doch gerade hier wird die Komplexität der Frage sichtbar: Räder brachte man zwar an Spielzeugtieren aus Ton an, aber man baute keine Fahrzeuge. Denn Fahrzeuge bringen Vorteile nur in geeignetem Gelände oder auf gebahnten Straßen mit geringen Steigungen, die zu bauen im mexikanischen Bergland sehr aufwendig ist. Auch hätte man die Fahrzeuge selbst ziehen müssen, da es keine Zugtiere gab. Diese fehlten, da in Mittel- und Nordamerika alle größeren Säugetiere, die sich zur Domestikation geeignet hätten, überhaupt nicht vorhanden gewesen oder nach der Eiszeit ausgestorben waren. Aus diesem Grund gab es auch außer Hund und Truthahn keine größeren Haustiere. Die Töpferscheibe war ebenfalls unbekannt, ohne daß dies eine geringere Qualität der Keramikproduktion bedeutet hätte.

Zur Steinbearbeitung benutzte man nur Steinmaterialien, war aber dennoch besonders bei kleineren Objekten zu bemerkenswerten Leistungen fähig. Feine Schneideinstrumente bestanden aus Obsidianklingen (einem sehr scharfen, aber leicht splitternden vulkanischen Glas). Die Kenntnis der Metallverarbeitung war in Mexiko jung und erst spät zu den Azteken gekommen. Hergestellt wurden hauptsächlich Schmuckgegenstände aus Gold und Kupfer (nur bei den Tarasken wurden auch Gebrauchsgegenstände angefertigt). Unbekannt waren Saiteninstrumente, die Glasur von Keramik, Maschinen mit Nutzung der Hebelwirkung einschließlich der Balkenwaage, Nutzung des Luftdrucks in Rohren beispielsweise bei Leitungen und Pumpen. In der Bautechnik mußten die Azteken ohne Gewölbe und Kuppelbau, ja selbst ohne das von den Maya entwickelte Kraggewölbe auskommen; sie errichteten ihre Häuser aus Holz, aus Lehmziegeln oder Bruchsteinmauerwerk mit flachen Dächern, die aus einer Holzbalkendecke mit dicker Stuckmörtelschicht bestanden.

Auch die aztekische Schrift war – trotz leistungsfähiger Formen vor allem bei den Maya – nur sehr mangelhaft entwickelt. Aufzeichnungen aller Art erfolgten in Bilderhandschriften, die aus langen Streifen aus Leder oder papierartig verarbeitetem Pflanzenmaterial bestanden, welche in Leporello-Form gefaltet und von Holzdeckeln geschützt waren. In ihnen ist eine bildartige Szenendarstellung mit „Hieroglyphen" kombiniert. Die „Hieroglyphen" sind kleine Bildzeichen, die zu einem gewissen Grad standardisiert und normiert sind und einen durch Konvention einigermaßen präzis festgelegten Inhalt haben. Sie dienten zur Schreibung von Personen und Ortsnamen sowie von einzelnen, eng begrenzten Gegenstandsbereichen, waren aber nicht in der Lage, auch nur einen kurzen Satz wiederzugeben. Die zusammenhängende Aussage wurde statt dessen durch die Abbildung des Geschehens aufgezeichnet. Der Aufbau der historischen Bilderhandschriften ist chronologisch, in Zentralmexiko zumeist nach einem kontinuierlichen oder unterbrochenen Band von Schriftzeichen für die aufeinander folgenden Jahre. Die den Bilderhandschriften innewohnende Mehrdeutigkeit und Ungenauigkeit war erheblich und konnte auch von trainierten Indianern nicht völlig überwunden werden, wie Widersprüche in den Textfassungen der Quellen belegen. Es ist offensichtlich, daß die offizielle Geschichtsschreibung neben der Aufzeichnung von Bilderhandschriften der mündlich weitergegebenen, vielfach anekdotenhaften, ausführlichen Schilderung einen großen Raum einräumte.

Die indianischen Handschriften fielen nach der Conquista zum größten Teil missionarischem Eifer, der in ihnen unterschiedslos ein auszurottendes Blendwerk des Teufels sah, zum Opfer. Andererseits entstand bald nach der Conquista eine große Zahl von Quellen zumeist mit historischer und tributtechnischer Schwerpunktsetzung, die in stark unterschiedlicher Nähe zu den erhalten gebliebenen Schriftquellen und den mündlichen Traditionen stehen. Ihre indianischen Autoren gaben die autochthonen historischen Texte, die ihnen hauptsächlich in mündlicher Form oder in Gestalt bilderschriftlicher Annalen vorlagen, in europäischer Schrift und zumeist in ihrer indianischen Sprache wieder. Der Grad ihrer redaktionellen Eingriffe ist kaum bestimmbar.

III. Mythen und Sagen der Vorzeit

1. Die mythische Geschichte – Die Urheimat Aztlan

Objektive Kenntnisse über die Herkunft der Azteken und den Zeitpunkt ihrer Einwanderung in das Becken von Mexiko fehlen. Gesichert ist ihre Verwandtschaft und Abstammung in sprachlicher Hinsicht: die Sprache der Azteken, das Nahuatl, gehört der großen Familie der Uto-aztekischen Sprachen an, die in einem breiten Gürtel von den mittleren Rocky Mountains im Westen der USA bis nach Nicaragua anzutreffen waren. Die nächsten sprachlichen Verwandten fanden sich vom Norden und Westen Mexikos bis ins Küstenland am Isthmus von Tehuantepec. Die Sprache der Azteken selbst wird bis in die Gegenwart mit kleineren Dialektvarianten in den zusammenhängenden Becken- und Talregionen im mexikanischen Hochland zwischen dem Becken von Mexiko und der Sierra Madre Oriental gesprochen. Nach den Erkenntnissen der Sprachwissenschaft könnte die Dialektverteilung gut auf eine Einwanderung der Azteken aus dem Westen zurückzuführen sein. Allerdings läßt sich weder der Zeitpunkt näher eingrenzen noch angeben, wann und wo sich die Azteken länger aufgehalten haben, wo man also in diesem Sinn von einem „Ursprungsort" sprechen könnte.

Soweit decken sich die wissenschaftlichen Erkenntnisse mit der Schilderung, die die Azteken selbst von ihrer Herkunft gegeben haben. Nach im wesentlichen erstaunlich einhelligen Aussagen in den bilderschriftlichen Quellen und den Texten war der Ausgangspunkt der Wanderung der Azteken, der sie schließlich in das Becken von Mexiko führte, ein Ort namens Aztlan, auf einer Insel in einem See gelegen. Die Richtung, in der dieser Ort gelegen haben soll, wird weniger eindeutig angegeben, die meisten Quellen sprechen von einem Gebiet im Nordwesten, weit entfernt vom Becken von Mexiko. Am der Insel gegenüberliegenden Festland, an einem Ort namens Colhua'can, wohnten acht Volksstämme, die dort aus einer Höhle, die in den verschiedenen Traditionen unterschiedliche

60

Namen trägt (Quinehuayan, Chicomoztoc) hervorgekommen waren. Als die Azteken, eingeteilt in vier Untergruppen (*calpolli*), den See überquert hatten und auf die Einwohner von Colhua'can trafen, äußerten diese den Wunsch, die Azteken auf der weiteren Wanderschaft zu begleiten. In Colhua'can erhielten die Azteken auch ihr Heiliges Bündel (*tlaquimilolli*), in ein Tuch eingeschlagene verehrungswürdige Gegenstände, die ihre Gottheit Huitzilopochtli verkörperten. Es wurde von vier „Götterträgern" getragen, die offenbar auch die tatsächliche Leitungsfunktion innehatten. Die gemeinsame Wanderschaft begann in einem Jahr 1 Feuerstein, ein Jahr, das symbolisch für bedeutende Anfänge und Gründungen steht und das wie alle Jahresangaben des zentralmexicanischen Kalenders nicht fest mit der europäischen Zeitrechnung zu korrelieren ist. Nach einer offenbar nicht sehr langen Wanderung ereignete sich Erstaunliches, bei dem das nichtige Geschehen eigenartig mit den weitreichenden Folgen kontrastiert: Während die Azteken unter einem mächtigen Baum Rast machten und ihren Proviant verzehrten, brach dieser Baum nieder. Dies nahmen sie für ein schlechtes Vorzeichen, das ihnen ihr Gott Huitzilopochtli folgendermaßen interpetierte: „Sagt denen, die mit euch hierher gekommen sind, den acht Völkern, ,Wir wollen nicht mehr weitergehen, wir werden lieber hier umkehren'" (Codex Aubin). Nachdem sich die Azteken nicht zur Fortsetzung der gemeinsamen Wanderung überreden ließen, zogen die acht Völker allein davon. Viel später setzten dann die Azteken ihren Weg fort. Auf dem weiteren Weg widerfuhren ihnen schwer deutbare Ereignisse. Wichtig ist jedoch der Namenswechsel: Huitzilopochtli verkündete den Azteken: „Von jetzt an ist euer Name nicht mehr Azteca', sondern Mexi'ca'" und stattete sie mit Gerätschaften der jägerisch lebenden Volksstämme aus. Dann zogen sie bis nach Tollan weiter (Codex Aubin).

Die Schilderung des ersten Abschnittes der Wanderung hält sich nicht mit Nebensächlichkeiten auf, sie beschränkt sich auf das offenbar als wesentlich erachtete. Der Herkunftsort heißt Aztlan, er kann auch nicht anders heißen, denn der

Name Azteken (*Azteca'*) bedeutet klar: Leute aus Aztlan. Im Gegensatz zu den meisten aztekischen Namen ist Aztlan nicht übersetzbar, vielleicht stammt das Wort aus einer anderen Sprache oder einer früheren Sprachschicht des Nahuatl. Dafür spricht auch, daß sich das Schriftzeichen für Aztlan oder Azteca' im Codex Boturini nicht nach den Regeln des Aztekischen lesen läßt. Aufschlußreich ist die Beschreibung des Ortes: Seine Lage auf einer Insel in einem Süßwassersee, an dessen Ufer ein Ort namens Colhua'can liegt – namensgleich mit dem Ort am Ostufer des Sees von Mexiko –, mußte beim aztekischen Zuhörer oder Betrachter der Bilderschrift die Assoziation mit dem genauso mitten in einem See gelegenen Tenochtitlan erwecken, der späteren Hauptstadt der Azteken, und gab ihm zu verstehen, daß sich die mythische Urheimat in der Wirklichkeit wiederholte und spiegelte. Die Ansiedlung der Azteken nach ihrer Ankunft im Becken von Mexiko auf einer armseligen Schilfinsel mitten im See, dem einzigen Flekken Land, der so wenig attraktiv war, daß er von den schon länger Ansässigen den Neuankömmlingen nicht verwehrt wurde, erscheint auf diese Weise gleichsam geadelt und ins Gegenteil verkehrt: in das besonders wertvolle Abbild der Ursprungsortes. Tatsächlich aber scheint die Beschreibung von Aztlan bewußt als Spiegelung der Situation im Becken von Mexiko entworfen worden zu sein. Noch deutlicher wird dies in einer eigenartigen Erzählung, die eine Quellengruppe mitteilt: der aztekische Herrscher Motecuzoma I. wollte einmal den längst abgerissenen Kontakt zu Aztlan wieder aufnehmen. Er war sich offenbar bewußt, daß dieser Ort nicht so einfach zu erreichen war, denn er schickte 70 Zauberer los, die zunächst bis in die Gegend von Tollan zogen, denn bis dorthin ließ sich der Wanderungsweg sicher zurückverfolgen. Von dort führte aber offenbar kein bekannter oder gangbarer Weg mehr zurück nach Aztlan, dorthin konnten die Zauberer nur nach Zauberhandlungen und mit Hilfe des Gottes Huitzilopochtli gelangen. Sie mußten sich in Vögel verwandeln, um die weite und gefahrvolle Strecke nach Aztlan und zum Berg Colhua'can zurückzulegen. Was sie dort antrafen, war eindeutig ein Abbild ihrer eigenen Stadt und ihrer Umgebung, allerdings mit phantastischen, idealisierten Zügen, die nur als Ermahnung verstanden werden können: Weil die dort zurückgeblieben Ahnen der Azteken ein einfaches Leben ohne den Luxus der späten aztekischen Metropole führten, waren alle noch am Leben und kräftiger als jene von der Zivilisation Geschwächten – eine deutliche Botschaft ist in dieser Wundererzählung also auch noch verborgen.

Obwohl es nach den Schilderungen der Quellen keinen anderen Schluß gibt, als daß die Azteken Aztlan nicht als einen für sie auf natürlichem Weg erreichbaren Ort, also einen Platz der wirklichen Welt betrachteten, hat es nicht an Versuchen der Wissenschaft gefehlt, Aztlan irgendwo in Mexiko zu lokalisieren. Kennzeichen sollten der See mit der Insel und vielleicht auch der eine oder der andere Name sein: Aztatan im Staat Nayarit (kein See) oder etwas südlicher Mexcaltitlan (Inseldorf in einer Lagune im flachen Küstenland), einer der Seen in Michoacan oder Guanajuato oder der Berg Culiacan als verderbte Fassung des Namens Colhua'can. Doch keine dieser Gleichsetzungen ist in sich widerspruchsfrei, ganz abgesehen von dem mißgeleiteten Ansatz der Lokalisierung.

Ihre kulturelle Einordnung könnte vielleicht helfen, die Herkunft der Azteken zu präzisieren, aber auch hier gibt es zahlreiche Ungereimtheiten. Daß die Azteken auch schon vor Tollan an jeder Station ihrer Wanderung eine Zeitlang blieben und dort Ackerbau betrieben, sagen die Quellen relativ einhellig. Als Ackerbauer schildert sie auch die erwähnte Erzählung von dem späteren Besuch, wobei es sich hier eher um eine Rückprojektion späterer Zustände gehandelt haben dürfte. Daß die Azteken erst auf der Wanderung von Huitzilopochtli die Ausrüstung als Jäger und Sammler erhielten, macht deutlich, daß sie sich nicht in den Steppengebieten des mexikanischen Nordens heimisch sahen.

Die acht Völker, die zunächst mit den Azteken gemeinsam wanderten, sind in historischer Zeit tatsächlich ihre Nachbarn im und rings um das Becken von Mexiko gewesen: Die Huexotzinca' jenseits der Vulkankette des Popocatepetl im Tal

von Puebla, die Chalca', Xochimilca' und Cuitlahuaca' am
Südufer der Sees von Mexiko, die Tepaneca', Malinalca' und
Matlatzinca' am Westufer des Sees und im westlich anschließenden Tal von Toluca. Nur die Chichimeca' scheinen her-
auszufallen, denn dies ist die Bezeichnung für Jäger und
Sammler. Aber vermutlich bezieht sich der Name auf die
Bevölkerung von Acolhua'can, die sich von chichimekischen
Einwanderern herleitet. Diese alle waren längst ansässig gewesen, als die Azteken in Becken von Mexiko ankamen, ihnen waren die Azteken zunächst in allem unterlegen. Um so
wichtiger, scheint es, war es den Azteken, diese Völker in die
eigene Geschichte einzubeziehen, und zwar auf eine Weise,
die sie den Azteken unterordnet, wie es bis auf die Huexotzinca' und die Chichimeca' zum Zeitpunkt der spanischen
Eroberung tatsächlich der Fall gewesen ist. Diese Fassung der
Geschichte kann dann auch erklären, daß diese Völker nur
deshalb schon vor den Azteken am Ziel waren, weil diese sie
selbst fortgeschickt hatten, um die heilsgeschichtliche Wanderung alleine machen zu können. Und die genealogische Beziehung, die die Herrscher der Azteken zu der älteren Stadt Colhua'can am See von Mexiko herstellten, findet sich bereits
vorgezeichnet im gleichnamigen Ort am See von Aztlan.

2. Die erklärenden Sagen – Huitzilopochtli

Alles in der langen und historisch düsteren Wanderung der
Azteken geschah auf Anweisung ihres göttlichen Anführers
Huitzilopochtli. Auch bei ihm stellt sich zunächst die Frage
nach Identität und Namen. Huitzilopochtli – wenn man einen
Namen übersetzen und aus ihm Hinweise auf die Natur der
Person gewinnen will – bedeutet: (Er ist) links wie ein Kolibri,
ein Mischwesen zwischen Mensch und Vogel also. Von ihm
erzählten die Azteken dem Franziskanerpater Sahagún, er
wäre „nur ein gewöhnlicher Mensch" gewesen, schilderten
aber andererseits, wie er unter ganz ungewöhnlichen Umständen geboren wurde. Durch einen Federball, der vom Himmel
fiel, war seine Mutter Coatlicue mit ihm schwanger geworden.

Aufgehetzt von ihrer älteren Schwester Coyolxauhqui, machten sich ihre übrigen Söhne, die Centzon (vierhundert) Huitznahua, auf, die Mutter zu töten. Als sie den Berg Coatepetl nahe Tollan erreichten, wo sich Coatlicue befand, gebar sie sogleich Huitzilopochtli, bereits ganz erwachsen und in Kriegsausrüstung, der als erstes Coyolxauhqui so zerschmetterte, daß ihre Glieder weithin verstreut wurden. Dann stürzte er sich auf seine Brüder und tötete oder vertrieb sie. Dieser Mythos dient nur vordergründig zur Erklärung der Herkunft Huitzilopochtlis. Mit ihm sollte vielmehr offensichtlich in anderen Bildern dieselbe Botschaft vermittelt werden, die schon in der geschilderten Episode der Wanderung ihren Ausdruck gefunden hatte: die Azteken, hier verkörpert durch ihren Gott, sind zwar die zuletzt Angekommenen, aber sie setzen sich gegenüber allen Früheren und deren älteren Rechten mit Gewalt durch. Die Azteken wiederholten das mythische Geschehen ihres Erfolges alljährlich im Ritual des Festes des Huitzilopochtli, wobei mit dem Coatepetl der große Tempel von Tenochtitlan gleichgesetzt wurde, bei dessen Ausgrabungen mehrere große Skulpturen der zerstückelten Coyolxauhqui ans Licht kamen, die das Gewicht dieses Mythos belegen. Denn er verdeutlicht auch, daß Huitzilopochtli selbst das erste Menschenopfer vollzogen hat. Daß die verschiedenen Quellen diesen Mythos mit leichten Varianten wiedergeben, unterstreicht nur seine Bedeutung für die Azteken.

3. Die usurpierten Ahnen – Tollan

Als die Azteken von Coatepec weiterzogen und nach Tollan kamen, war diese Stadt bereits von ihren Bewohnern verlassen und lud nicht ein, sich dort länger aufzuhalten. Um so erstaunlicher ist es, daß bei allen Diskrepanzen in der Wanderungsroute, die zwischen den verschiedenen Quellen bestehen, Tollan immer ein unverzichtbarer Knotenpunkt zu sein scheint. Dies gilt sogar über das zentrale Mexiko hinaus. Bei vielen Volksgruppen, die ähnlich den Azteken und annähernd gleichzeitig mit ihnen sich in bereits dicht besiedeltes Gebiet hineindrängten und durch kriegerische Überlegenheit an die Herrschaft kamen – so bei den vielleicht ursprünglich Nahuatl sprechenden Anführern der Quiché im Hochland von Guatemala –, spielt Tollan eine entscheidende Rolle in der Selbsteinschätzung und Legitimierung, auch wenn es sich hierbei zweifellos nicht um denselben Ort dieses Namens gehandelt haben kann. Das Tollan, das die Azteken besuchten, liegt nur 60 Kilometer nordwestlich von Tenochtitlan und ist durch den weiteren Verlauf des Wanderungsweges der Azteken mit dem modernen Ort Tula und seinen ausgedehnten Ruinenanlagen aus voraztekischer Zeit zu identifizieren. Tollan war nach den Schilderungen der Quellen der Inbegriff der Vollkommenheit, aber zugleich überschattet von einem tragischen Ende.

Die Vollkommenheit und die paradiesischen Verhältnisse in ihrer Stadt verdankten die Tolteken ihrer Gottesfurcht – so jedenfalls begründen es vielleicht situationsbedingt die Texte, die christianisierte Indianer den Mönchen diktierten. Sie brachten ihrer Gottheit Quetzalcoatl nicht die den Christen verabscheuungswürdigen Menschenopfer dar, sondern nur Schlangen und Schmetterlinge. Ihre Rechtschaffenheit war sprichwörtlich. Und noch mehr ihre Weisheit. Die Tolteken galten auch als die Erfinder der Handwerkskünste, der Bearbeitung der kostbaren, aus tropischen Ländern kommenden Federn, der Medizin und der Heilpflanzenkunde und aller anderen Künste und Wissenschaften. Von ihnen stammt die Kenntnis des Kalenders und Deutung der Sterne und ihrer Bewegungen. Und natürlich waren die Tolteken bedeutende Dichter und Sänger. Ebenso wie die Menschen war auch die Stadt die Verkörperung der höchsten Vervollkommnung. Die Azteken erzählten, in Tollan habe es einzigartige Paläste gegeben. In einem sei je einer der Säle verkleidet gewesen mit Gold, Silber, Türkis und roten Muschelschalen, in einem anderen seien die vier Säle ganz mit kostbaren Federn in jeweils anderer Farbe überzogen gewesen. Diese Schilderungen sind ganz offensichtlich stimuliert von den Ruinen der Stadt, den Resten der Pyramiden und Hallenbauten, die den Azteken der historischen Zeit wohl vertraut waren, aber sie entsprechen eindeutig nicht der von der Archäologie erfaßten Wirklichkeit.

Auch die Bevölkerung der Stadt Tollan war, wie in vielen Städten des alten Mexiko, nicht einheitlich, sondern setzte sich aus Teilen unterschiedlicher ethnischer Herkunft zusammen. Die bedeutendste Bevölkerungsgruppe waren die Nonoalca', die ihrem Namen nach aus der Region an der südlichen Golfküste eingewandert sein dürften. Dort hatten sie im Kontakt mit den Maya gestanden und eine zu dieser Zeit in Zentralmexiko unbekannte zivilisatorische Verfeinerung erfahren. Sie waren denn auch die eigentlichen Träger der kulturellen Leistungen. Daß auch andere Gruppen wie die bereits erwähnten Quiché sich auf dasselbe Gebiet und einen Ort namens Nonoalcat beziehen, läßt schemenhaft Zusammenhänge erkennen. Die andere tragende Volksgruppe in Tollan waren die Tolteca-Chichimeca. Ihr Name scheint auf eine jägerisch-sammlerische Lebensweise in den Steppengebieten nördlich von Tollan zu verweisen, bezieht sich aber vielleicht zunächst eher auf die nordwestliche Himmelsrichtung, aus der sie nach dem zentralen Mexiko gekommen waren.

Ebenso unbestimmbar wie die innere Struktur ist das von Tollan beherrschte Gebiet. In einer Geschichtsquelle aus dem Tal von Puebla, der *Historia Tolteca Chichimeca,* werden zwanzig Völker aufgezählt, die den Tolteken untergeben waren. Sie sind als Provinzen eines nach kosmologischen Gesichtspunkten arrangierten Reiches interpretiert worden, bezeichnen jedoch eher die Grenzpunkte eines in jeder Hinsicht zu weit gefaßten und nicht realistischen Reiches.

Das Zusammenleben der beiden Bevölkerungsgruppen in der Stadt schildern die Berichte als nicht frei von Spannungen, wenn sie diese auch legendenhaft umformen und personalisieren. Vor allem von zwei Herrschern ist die Rede, von Topiltzin („unser verehrter Fürst") mit dem Titel Quetzalcoatl, namensgleich mit der Gottheit des Ortes, und Huemac, seinem Gegenspieler. Von ihnen ist wenig mehr als der schicksalhafte Moment des Endes ihrer Herrschaft bekannt. Ihre Zuordnung zu den Volksgruppen oder ihre zeitliche Stellung bleiben undeutlich.

Was die Quellen vermelden, trägt auch hier märchenhafte Züge. Schon die Geburt von Topiltzin Quetzalcoatl als Sohn des Totepeuh, zehn Jahre nach dem Tod seines Vaters, geht auf eine übernatürliche, aber im alten Mexiko häufiger geschilderte Empfängnis durch einen kostbaren Edelstein zurück. Nach den Schilderungen wäre Topiltzin, obwohl Sinnbild priesterlicher Züchtigkeit, einer diabolischen Versuchung durch dämonische Wesen erlegen. Daß die Verführer die aztekischen Hauptgottheiten Huitzilopochtli und Tezcatlipoca waren, ist vielleicht Ausdruck einer religiösen Konfrontation. Quetzalcoatl, so will es die Sage, habe seine in Zurückgezogenheit geübten Kasteiungen vergessen und sich mit seiner Tochter und seinem Gefolge an Pulque betrunken. Voll Scham und von Heimsuchungen gepeinigt floh er schließlich mit seinen Gefolgsleuten aus der Stadt. Auf dem Weg verrichtete er überall viele Wundertaten, deren Spuren die Azteken später bestaunten. Die Herrschaft in Tollan übernahm Huemac, der aber, seinerseits von Dämonen heimgesucht und gequält, die Stadt verließ und am Ufer des Sees von Mexiko in einer Höhle Zuflucht suchte, wo er verschwand oder sich selbst tötete. Quetzalcoatl soll, schließlich an der Küste des Golfes von Mexiko angelangt, sich dort selbst verbrannt haben und zum Morgenstern geworden oder über das Meer fortgezogen sein.

Die aus Tollan geflohenen Bewohner ließen sich in der Umgebung der Stadt Colhua'can im Becken von Mexiko nieder. Andere zerstreuten sich auf weiter südlich gelegene Orte vom Südrand des Beckens von Mexiko bis in die Mixteca und darüber hinaus. Die Beziehung der Tolteken zu Colhua'can war offensichtlich immer eng gewesen, hatte doch Topiltzin dort residiert, bevor er die Herrschaft in Tollan angetreten hatte, und soll sich nach anderen Berichten auch dorthin zurückgezogen haben und bis zu seinem Tod geblieben sein. Damit schließt sich der Kreis: das Herrscherhaus der Azteken führt sich, wie geschildert, auf Colhua'can zurück, und aus dessen Dynastie entstammte auch Topiltzin, der in Tollan herrschte.

Die erhaltenen Listen der Herrscher von Tollan, die neben Topiltzin und Huemac noch bis zu einem halben Dutzend anderer Namen nennen, sind voller Widersprüche. Sie sind sich aber einig, Topiltzin lang vor Huemac zu plazieren. Dann kann aber das Desaster unter Topiltzin noch nicht das Ende von Tollan bedeutet haben, sondern nur vielleicht den Auszug seiner Fraktion. Wenn man die mit diesen Herrschern verbundenen Daten oder Lebenszeiten für einigermaßen vertrauenswürdig ansieht, dann hat die Stadt 300 Jahre bis zum Ende des 11. Jahrhunderts nach Christus bestanden, eine Zeitstellung, der auch die Ergebnisse der Archäologie nicht widersprechen. Die seit gut 50 Jahren betriebenen Ausgrabungen des alten Tollan haben eine große, wohl im weiten Umkreis die bedeutendste Stadt ihrer Zeit ans Licht gebracht. Aber es fällt auf, wie wenig das ausgegrabene Zeremonialzentrum mit dem Tollan der Beschreibungen gemeinsam zu haben scheint – eine Bestätigung des Legendencharakters der Schilderungen. Nichts erinnert an das Idealbild des zurückgezogen lebenden Priesterherrschers. Vielmehr umfaßt die zentrale Zeremonialzone Gebäudeformen, die dort erstmals auftreten und die eine tiefgreifende Umgestaltung der gesellschaftlichen Struktur anzeigen. Gemeinsam ist ihnen, daß sie im Gegensatz zur früheren Zeit, in der die engen Innenräume nur wenigen Personen gleichzeitig Zugang zu den wichtigen Kulthandlungen gestatteten, nun Platz für große Menschenmengen bieten. So faßt der in der Mitte des Zeremonialbezirkes gelegene gewaltige Platz Zehntausende. Die riesigen Dimensionen der Ballspielplätze wurden nicht durch das Spiel gefordert, sondern offensichtlich, weil Raum für eine größere Zahl von Zuschauern gewünscht wurde. Schließlich war in den den Platz umgebenden langgestreckten Versammlungsräumen, deren flache Decken von hölzernen Stützen getragen wurden und die zum Platz hin offen waren, Raum für die Versammlung von mehreren tausend Menschen, deren Selbstverständnis als in Massen auftretende Krieger aus langen Steinreliefs abzulesen ist. Die Verherrlichung des Krieges und des Opfertodes kehrt auch an anderen Stellen in metaphorischer Abwandlung wieder, wenn Reihen von Adlern und Jaguaren abgebildet werden, die bluttriefende menschliche Herzen verschlingen.

Aber auch noch auf andere Weise treffen sich in Tollan sehr unterschiedliche Vorstellungen. Zunächst wurden unter dem Begriff „Tolteken" von den Azteken nicht nur die Bewohner eines konkreten Ortes Tollan verstanden, sondern in einem erweiterten Sinn ganz allgemein Menschen oder Gruppen, die in ihrer handwerklichen Meisterschaft, ihrem Können und Wissen die den Bewohnern Tollans zugeschriebene Perfektion erreichten. Weil aber Tollan nicht nur einen bestimmten Ort bezeichnete, sondern auch Ehrentitel für bedeutende Städte geworden ist, tragen auch viele andere Volksgruppen zu ihrem spezifischen Namen die Bezeichnung Tolteken. Daß daraus erst hinterher eine Beziehung zu dem einen Tollan konstruiert wurde, ist nicht auszuschließen.

4. Nachbarn und Nachfolger der Tolteken

Der weitere Zug der Azteken läßt sich erst nach ihrem kurzen Aufenthalt in Tollan ganz exakt verfolgen. Durch ein Tal, das den flachsten Zugang zum Becken von Mexiko ermöglicht, zogen sie in kleinen Etappen nach dem Süden. Immer wieder blieben sie ein paar Jahre an einem Ort, so daß ihre durchschnittliche Jahresgeschwindigkeit kaum mehr als einen Kilometer betrug. Als sie den See erreicht hatten, fächerten sich die von den Quellen berichteten Routen auf, was auf eine Aufsplitterung der Gruppe hindeutet, und die Abschnitte ihres Vorrückens wurden noch kleiner. Schließlich gelangten die Azteken an den am damaligen Seeufer steil aufragenden Felshügel Chapultepec, auf dem im vergangenen Jahrhundert der habsburgische Kaiser Mexikos, Maximilian, sein Schloß errichten ließ. Aber die herrliche Aussicht über den See dürfte kaum der Beweggrund für die Azteken gewesen sein, nach Chapultepec zu ziehen. Der Felsen hatte eine mythische Bedeutung, denn dort soll sich der aus Tollan geflohene Herrscher Huemac erhängt haben oder in einer unbekannten Höhle verschwunden sein. Die späteren Herrscher der Azteken zollten dem Ort ihre Reverenz, in dem sie in den Felsen ihre Reliefbilder einmeißeln ließen.

Die Ankunft der wandernden Azteken in Chapultepec geschah nach den weitgehend übereinstimmenden Aussagen der Berichte am Ende des 13. Jahrhunderts. Dort blieben sie eine längere Zeit, vermutlich, weil ihnen in dem dicht besiedelten Gebiet nirgendwo anders der Zuzug gestattet wurde. Denn die Azteken waren, das wurde schon erwähnt, Nachzügler. Sie bildeten die letzte ins Becken von Mexiko einwandernde, vermutlich sehr kleine Bevölkerungsgruppe. Alle anderen Volksgruppen, die nach den Schilderungen mit ihnen gemeinsam aufgebrochen waren, hatten sich längst rings um den See niedergelassen und das Land unter sich aufgeteilt.

Zu den mächtigsten zählten in dieser Zeit die Tepaneken mit ihrer Hauptstadt Azcapotzalco – heute ein Stadtviertel der Metropole Mexiko. Trotz der von den Azteken behaupteten gemeinsamen Abstammung waren sie ethnisch und sprachlich deutlich unterschieden. Es scheint, daß sie ursprünglich eine Sprache gesprochen haben, die mit der der im Norden des Beckens und rings um Tollan wohnenden Otomí und jener der ebenfalls in der Wanderungserzählung vorkommenden Matlatzinca' verwandt war, mit denen sie besonders in religiösen Vorstellungen und im Kult Gemeinsamkeiten aufwiesen. Die zentrale Dynastie nahm für sich eine mindestens zwei Jahrhunderte zurückreichende Ahnenreihe in Anspruch, die in den Quellen keineswegs übereinstimmend angegeben wird, und dürfte damit vor dem 13. Jahrhundert einsetzen. Zur Zeit der Ankunft der Azteken reichte der Machtbereich der Tepaneken bis in die Gegend von Chapultepec. Erst später erwarben sie ein respektables Reich im westlichen Teil des Beckens von Mexiko, das auch in das Tal von Tollocan (Toluca) reichte. Insgesamt ist wenig über die Tepaneken bekannt, weil aus ihrem Gebiet keine Geschichtsquelle überlebt hat.

Die zweite bedeutende Macht waren die Acolhua' im Osten des Beckens, die mit Alva Ixtlilxochitl über einen sehr produktiven, aber relativ unkritischen Historiker aus königlichem Geblüt verfügten, der sich auf mehrere inhaltsreiche und deshalb auch unübersichtliche kartographische Bilderhandschriften stützen konnte. Ihre Geschichte im Becken von Mexiko ist kaum weiter zurückzuverfolgen als die der Tepaneken. Die herausragend, aber legendenhaft überzeichnete Gestalt ist Xolotl, der Anführer einer chichimekischen Einwanderergruppe. Aus der Schilderung seiner Taten leiteten die Acolhua' einen Anspruch auf die Vormacht ab, den sie in der faßbaren Geschichte nie einlösen konnten. Xolotl, aus chichimekischem Herrschergeschlecht, so wird berichtet, machte sich auf, um die Reste des zerbrochenen Toltekenreiches zu erkunden – er berührte dabei auch die Stadt Tollan, die er verwüstet vorfand –, und kam in ein weitgehend menschenleeres Land. Die von ihm ausgesandten Kundschafter trafen nur hier und dort auf versprengte Gruppen von Tolteken. Xolotl nahm das Territorium des alten Toltekenreiches bis zum Golf von Mexiko (dessen Geschichtlichkeit in dieser Form nicht glaubhaft ist) für sich in Besitz und verteilte die Besitzungen und Herrschaften an seine Gefolgsleute. An weitere chichimekische Einwanderergruppen, die ebenfalls ihren Anteil erhielten, wurde unter anderem das Gebiet von Acolhua'can vergeben. Zu den Ortsgründungen von Xolotl gehört auch Tenayocan am Westufer des Sees, das später für die Azteken bedeutsam wird. Es fällt auf, daß die Person des Xolotl nur in einer kleinen Gruppe von Geschichtsquellen aus Acolhua'can vorkommt, während Quellen aus anderen Orten statt dessen einen Mixcoatl erwähnen. Manches spricht dafür, die beiden Personen gleichzusetzen. Xolotls Sohn Nopaltzin gilt als der Gründer der späteren Hauptstadt von Acolhua'can, Tetzcoco, wo dessen Sohn Tlotzin Pochotl als Herrscher installiert wurde und die dortige Dynastie begründete.

Die Darstellung des Alva Ixtlilxochitl ist überdeutlich geprägt durch das Bestreben, die Gleichwertigkeit seines indianischen Herrscherhauses mit den europäischen zu betonen. Dies geschieht nicht nur durch Projektion in eine sehr weit zurückliegende Vergangenheit und durch gelehrte Hinweise vorzugsweise auf gleichzeitige westgotische Könige in Spanien und auf Päpste, sondern auch durch vermutlich unbewußte

Anachronismen, wenn bei der Besitzergreifung durch Xolotl entsprechende spanische Handlungen mit rechtlicher Bedeutung beschrieben werden. Darüber hinaus sollte aber auch gezeigt werden, daß die Anrechte der Acolhua' die ältesten und damit wichtigsten im Lande sind, die nur jenen der wenigen verbliebenen, aber prestigereichen Tolteken nachstehen. Acolhua'can, so will es Alva Ixtlilxochitl seinen Lesern vermitteln, kommt damit ein Vorrang im Becken von Mexiko zu. Dies war vielleicht deshalb besonders wichtig, weil die historische Entwicklung, wie noch zu zeigen sein wird, merklich andere Gewichte gesetzt hat.

Über die dritte Macht am See von Mexiko, die Otomí mit der Hauptstadt Xaltocan, ist nur wenig bekannt. Sie waren im Verständnis der anderen immer etwas unzivilisiert und spielten zumindest nach den erhaltenen Darstellungen im Kräftespiel der frühhistorischen Zeit keine wichtige Rolle. Sie setzten auch den durchziehenden Azteken offenbar keinen Widerstand entgegen. Andererseits war ihr Land am versalzten und steppenhaften Nordufer des Sees auch nicht gerade attraktiv.

Im Süden des Sees ist die Situation unübersichtlich. Auf einer Landzunge lag die Stadt Colhua'can, von deren Beziehung zu Tollan und den genealogischen Verflechtungen schon die Rede war. Ihre Bevölkerung zählte nach ihrer eigenen Tradition, die der aus Chalco stammende indianische Historiker Chimalpahin wiedergegeben hat, zu den ältesten Einwanderern im Becken von Mexiko. Die Stadt beherrschte den südlichen Teil des Seeufers sowie angrenzende Gebiete und war mit Tollan verbündet. Die Angaben zur Herrscherfolge lassen zumindest das behauptete Alter der Dynastie wenig glaubwürdig erscheinen. Bei den fünf ersten Herrschern, die zur Zeit von Tollan gelebt haben sollen, handelt es sich vermutlich nur um eine künstliche Aufblähung mit dem Ziel, die Reihe in die Vergangenheit zu verlängern, denn die Namen dieser Herrscher kehren später teilweise in derselben Abfolge wieder. Dieselbe Quelle steht auch hinsichtlich der zeitlichen Stellung des Topiltzin von Tollan im Widerspruch zu den (wenigen) übrigen Berichten.

5. Die Gründung von Tenochtitlan

Der Aufenthalt der Azteken in Chapultepec war nicht konfliktfrei. Die mythische Form der Schilderung wird meist als Einkleidung der Auseinandersetzung ethnischer Gruppen verstanden, für die deren Protagonisten stehen. Im ersten Kampf wollte Copilli, der Sohn Malinalxochitls, einer Schwester des Huitzilopochtli, Rache nehmen, weil dieser sie auf der Wanderung zurückgelassen hatte. Aber Huitzilopochtli überwältigte ihn, schnitt ihm den Kopf ab und das Herz heraus, das noch eine wichtige Rolle spielen sollte. Andere Traditionen sprechen realistischer von Kriegen mit den kleineren ethnischen Gruppen am Südrand des Beckens, darunter auch Colhua'can, die sich durch die Neuankömmlinge gestört fühlten und gemeinsam gegen sie vorgingen. Mit den Azteken verbündet war vermutlich Cuauhtitlan im Nordwesten des Sees, das von Chapultepec genügend weit entfernt war, um sich durch die Azteken nicht beeinträchtigt zu fühlen, während Acolhua'can, am Ostufer des Sees und ebenfalls nicht unmittelbar betroffen, unbeteiligt blieb. Die Azteken unterlagen und wurden auf die siegreichen Orte als Gefangene aufgeteilt.

Erstmals hatten beim letzten dieser Kriege die Azteken nicht mehr unter Führung von vier Trägern des Heiligen Bündels als Sprecher ihres Gottes gestanden, sondern unter einem eigenen Herrscher, Huitzilihuitl – aber das ist vermutlich ein Anachronismus der Quellenberichte. Er war nach der Niederlage mit seiner Tochter nach Colhua'can verschleppt und dort geopfert worden. Dennoch unterwarfen sich die überwältigten Azteken, zu denen bald auch aus anderen Orten entflohene Gefährten stießen, der Gnade von Colhua'can. Ihnen wurden mehrere kleine, unwirtliche, etwas abgelegene Schilfinseln als Aufenthaltsorte überlassen. Daß die Azteken bald mit Colhua'can auch Heiratsverbindungen aufnahmen, läßt die berichtete Geringschätzung, die man ihnen entgegenbrachte, in weniger strengem Licht erscheinen. Auch die schier unlösbaren Aufgaben, mit denen Colhua'can die Azteken vergebens in Schach zu halten versuchte, gehören eher in das Reich der Märchen. Die Azteken waren jedenfalls bald stark genug, um erfolgreich einen Krieg gegen Xochimilco zu führen und die symbolische Beute Colhua'can zu übergeben, das danach den nun zu kräftig gewordenen Nachbarn aber kurzerhand vertrieb.

Die wiederum heimatlosen Azteken konnten sich aber weiter auf den zahllosen Schilfinseln im Westteil des Sees halten und entdeckten dabei offensichtlich den geeigneten Platz für ihre neue Ansiedlung Tenochtitlan, der sich durch eine kräftige Quelle auszeichnete. Die Wahl war somit rational gut begründet, aber bedurfte dennoch einer übernatürlichen Untermauerung. In einer Weissagung hatte Huitzilopochtli, so heißt es, ihnen als Kennzeichen ihrer künftigen Ansiedlung die Quelle, wundersam weiße Tiere und Bäume verheißen sowie einen gewaltigen Säulenkaktus – hervorgegangen aus dem herausgerissenen und ins Röhricht geworfenen Herz des von ihm getöteten Copilli –, auf dem das Nest eines riesigen Adlers ruhte. Dort ließen sich also die Azteken nieder und benannten den Ort nach dem Säulenkaktus (in Wirklichkeit aber interpretiert die Mythe den Ortsnamen). Das Motiv des Adlers auf dem Kaktus wurde später zum Symbol Mexikos und bildet heute das mexikanische Staatswappen.

Der historische Moment der Gründung von Tenochtitlan ist sicherlich fiktiv. Um dies zu erkennen, bedarf es nicht einmal des Rückgriffs auf archäologische Befunde, die an der Stätte von Tenochtitlan eine deutlich ältere Besiedlung nachweisen. Auch andere Argumente sprechen dafür, daß an dieser Stelle schon ältere Siedlungen gestanden haben. Man könnte spekulieren, daß das Herz Copillis für einen ethnischen Splitter der Azteken steht, der sich in Chapultepec abgespalten hat und direkt nach Tenochtitlan gezogen ist. Wie dem auch sei, es ist schwer vorstellbar, daß die noch immer diskriminiert erscheinenden Azteken auf der Schilfinsel eine formelle Gründung ihrer künftigen Hauptstadt veranstaltet hätten, deren Datum in die Geschichtsaufzeichnungen eingegangen wäre. Deshalb erscheint es auch müßig, nach dem wirklichen Gründungsdatum zu forschen. Die Diskrepanzen in den Quellen sprechen für sich: die mitgeteilten Daten liegen zwischen 1194 und

CHINAMPAS

1366. Die Forschung tendiert dazu, in dem Zeitraum zwischen 1320 und 1350 das Einsetzen aztekischer Aktivitäten in diesem Raum zu vermuten.

Auch wenn die Quellen hierzu schweigen, Voraussetzung der Ansiedlung in Tenochtitlan war, Möglichkeiten für den Anbau von Mais und anderen Nahrungspflanzen zu schaffen. Man richtete Chinampas ein, das im gesamten Uferbereich des Sees und auch in anderen Feuchtzonen geläufige Verfahren, denn es kombinierte Trockenlegung, durch die Siedlungsfläche geschaffen wurde, mit dauerhafter Wasserführung für den Pflanzenanbau. Die Siedlungsweise wird, wie in allen Chinampa-Zonen, durch extreme Streuung gekennzeichnet gewesen sein, wobei jeder Haushalt innerhalb seiner Chinampas gelegen hat. Diese Struktur hat sich besonders in den Außenbezirken von Tenochtitlan bis zur spanischen Eroberung erhalten.

Schon etwas mehr als ein Jahrzehnt nach der behaupteten Gründung von Tenochtitlan kam es zur Abspaltung von Tlatelolco auf der etwas weiter nordwestlich gelegenen Insel. Ursache dürfte kaum, wie von einzelnen Berichten behauptet, eine zu diesem Moment noch unwahrscheinliche Überbevölkerung gewesen sein, sondern eine Fraktionsbildung innerhalb des Adels, die sich in unterschiedlichen Loyalitätsbindungen zu den benachbarten Mächten manifestierte. Trotz der engen Nachbarschaft und der gemeinsamen Herkunft war künftig das Verhältnis von Tenochtitlan zu Tlatelolco immer von Rivalität und oft von Feindschaft gekennzeichnet.

In diese Zeit fallen auch zwei siegreiche Feldzüge der Azteken, nämlich gegen Tenayocan im Gebiet der Tepaneken und gegen Colhua'can, die allerdings von manchen Quellen erst zu einem etwas späteren Zeitpunkt angesetzt werden. Die Kriegszüge machen deutlich, daß es sich in Tenochtitlan nicht um eine eben erst entstehende Siedlung einer unbedeutenden Bevölkerungsgruppe gehandelt haben kann. Es mag allerdings auch sein, daß die Azteken diese Unternehmung nicht allein ausführten, aber in ihren Berichten nur von sich allein sprachen. In jedem Fall handelten die Azteken im Auftrag ihrer Oberherren, der Tepaneken.

IV. Geschichte als Erklärung

1. Die ersten Schritte

Die folgenden Jahre bleiben im dunkeln. Erst in der zweiten Hälfte des 14. Jahrhunderts gibt es eine einschneidende und symptomatische Veränderung. Während bisher die Azteken von mehreren eher religiösen Anführern gleichzeitig geleitet wurden – unter ihnen ein Tenoch, der allein schon des Namens wegen herauszuragen scheint, aber aus demselben Grund kaum wirklich existiert haben dürfte –, ist nun die Zeit für eine stärker monarchische Struktur gekommen. Bemerkenswert ist, daß die nunmehr begründeten Herrscherdynastien nicht aus dem lokalen Adel kommen, sondern von anderen, älteren und prestigereicheren Orten abstammen. Hierbei wird die schon angedeutete unterschiedliche Anbindung von Tlatelolco und Tenochtitlan erkennbar. Tlatelolco wurde bei Tezozomoc, dem mächtigen Herrscher der Tepaneken von Azcapotzalco vorstellig, der seinen Sohn Cuacuauhpitzahuac (ca. 1372–1407) schickte. Aber noch war seine Souveränität begrenzt, denn Cuacuauhpitzahuac führte Tribut an seinen Vater ab.

Der erste Herrscher von Tenochtitlan wurde Acamapichtli (ca. 1371–1391). Seine Herkunft ist voller Widersprüche. Unzweifelhaft ist nur seine Abstammung von Colhua'can – die dynastisch stark interessierte Quelle *Crónica Mexicayotl* schildert ausdrücklich die Überlegungen der Azteken, ihren Herrscher nicht von den Tepaneken oder aus Acolhua'can zu holen. Zumeist wird er als Kind eines aztekischen Adligen und einer Frau aus einem der vier Herrscherhäuser von Colhua'can bezeichnet (nach anderen Quellen waren seine Eltern ein Herrscher aus Colhua'can gleichen Namens und die Tochter eines vornehmen Azteken). Mit dieser Wahl knüpfte Tenochtitlan unübersehbar an das toltekische Element im Becken von Mexiko an. Die Distanz zu Acolhua'can ist aber weniger stark ausgeprägt als behauptet, denn Acamapichtli lebte zuvor in Coatlichan und damit im Bereich der Vormacht des östlichen Seeufers, Acolhua'can. Zugleich stellte sich Tenochtitlan aber klar in Opposition zu den Tepaneken, von denen es noch abhängig war, und zu Tlatelolco, das diese Abhängigkeit dynastisch befestigt hatte.

Die dynastischen Verbindungen wurden weiter durch die Eheschließung Acamapichtlis mit Ilancueitl, ebenfalls aus einem Herrscherhaus von Colhua'can und in Coatlichan lebend, befestigt. Auch wenn aus dieser Verbindung nach manchen Quellen keine Söhne entsprangen, hatte Acamapichtli jedenfalls aus sekundären Verbindungen mit zahlreichen Töchtern des Adels von Tenochtitlan eine große Nachkommenschaft, durch die die inneren Bande des Adels mit dem von außen kommenden Herrscherhaus gekräftigt wurden.

Über die Regierungszeit Acamapichtlis ist, abgesehen von der Mühsal der Tributleistung an die Tepaneken, nur wenig bekannt. Wieder, heißt es, wurden den Azteken nahezu unlösbare Aufgaben gestellt, die sie nur mit Hilfe ihres Gottes bewältigen konnten. Tatsächlich dürften ihre Dienste eher auf militärischem Gebiet gelegen haben: Im Auftrag der Tepaneken führten sie wichtige Eroberungen aus, unternahmen aber gelegentlich auch für sich allein Kriegszüge, vor allem in den südlichsten Teil des Beckens von Mexiko, aber auch nach Cuauhnahuac (Cuernavaca) jenseits der südlichen Vulkankette. Daß beinahe alle diese Eroberungen auch von Tlatelolco für ihren gleichzeitigen Herrscher Cuacuauhpitzahuac in Anspruch genommen wurden, läßt erkennen, daß die beiden Städte noch gemeinsam handelten. Mit diesen Unternehmungen erwarben ihre Krieger Erfahrung, die Herrscher Beutegut und vor allem das Volk Selbstbewußtsein. Nicht immer waren die Azteken jedoch erfolgreich. Es scheint, daß die wechselvolle Auseinandersetzung mit Chalco, der aus zahlreichen kleinen konföderierten Herrschaften bestehenden Landschaft im Südosten, die ungefähr ein Jahrhundert dauern sollte, bereits zu dieser Zeit begonnen hat.

Acamapichtlis Nachfolger wurde sein Sohn Huitzilihuitl (1391–1415). Als seine Mutter wird Ilancueitl genannt, doch ist unsicher, ob sie die Mutterschaft nicht nur vorgetäuscht hat. Seine schon vor dem Amtsantritt erfolgte Eheschließung mit einer Frau aus dem Herrscherhaus von Tlacopan (Tacuba) und die spätere Heirat mit einer Tochter des tepanekischen Herrschers Tezozomoc belegen die zunehmende Integration der Azteken, die nach der Geburt eines Sohnes sogar vom Tribut befreit wurden. Nach dem baldigen Tod dieser Frau heiratete Huitzilihuitl Miyahuaxihuitl, die Tochter des Herrschers aus dem von seinem Vater eroberten Cuauhnahuac. In den Quellen findet sich eine Romanze mit märchenhaften Zügen: Weil Huitzilihuitls Werbung um Miyahuaxihuitl von ihrem Vater abgewiesen wurde und dieser das Mädchen eifersüchtig bewachte, konnte sich ihr der verliebte Huitzilihuitl nur mit Hilfe des Gottes Huitzilopochtli nähern. Er schoß einen Pfeil in ihren Garten, der einen Edelstein enthielt, den das Mädchen versehentlich verschluckte und davon schwanger wurde. Sie ist die Mutter des späteren Aztekenherrschers Motecuzoma Ilhuicamina.

Bei Huitzilihuitl zeigt sich die erstarkende Kraft der Azteken auch in einer gestiegenen Anzahl erfolgreicher Kriegszüge. Der am weitesten ausgreifende militärische Vorstoß, nämlich rund 130 Kilometer Luftlinie, hatte Cuauhtinchan im Tal von Puebla zum Ziel. Offensichtlich auf ein Beistandsersuchen einer in örtlichen Auseinandersetzungen unterliegenden Adelsfraktion kam es dort 1398 zum Eingreifen von Tenochtitlan und Tlatelolco. Die zeitliche Zuordnung des Geschehens in den Quellen zu verschiedenen Herrschern macht die gravierenden Probleme der indianischen Berichte offenbar: Da die Jahresdaten in verschiedenen Quellen und auch zu verschiedenen Ereignissen in derselben Quelle anscheinend regellos gegeneinander verzerrt sind, schwanken alle Zeitansätze um 5 bis 10 Jahre. Deshalb fällt der Kriegszug in einigen Berichten noch in die Regierungszeit Acamapichtlis. Daß nach anderen Angaben die Eroberung erst im Jahre 1450 unter Motecuzoma I stattfand, nämlich genau einen Kalenderzyklus von 52 Jahren später, zeigt eine weitere Ursache von Unsicherheiten in den Quellen. Eine offenkundige Verwechslung von Herrschernamen in Tlatelolco kommt hinzu. Die Klärung ist aus den Quellenaussagen heraus nicht möglich, deshalb müssen weitere Argumente herangezogen werden. In diesem Fall ist ausschlaggebend, daß die Tochter des unterlegenen Herrschers von Cuauhtinchan den Herrscher von Tlaltelolco heiratete. Da eines der Kinder aus dieser Verbindung, Moquihuix, schon um 1460 den Thron in Tlatelolco bestieg, muß die Eroberung, durch die seine Mutter nach Tlatelolco kam, schon erheblich früher stattgefunden haben. Es ist allerdings schwer vorstellbar, daß schon zu Zeiten der frühen Herrscher die Azteken zu einer militärischen Aktion in dieser Entfernung in der Lage gewesen wären, zumal es auch keine Hinweise gibt, daß das dazwischenliegende Gebiet bereits unter aztekischer Kontrolle gewesen wäre. Die einzige Erklärung ist, daß es sich nicht um einen großen Eroberungszug, sondern um eine vielleicht militärisch unterstützte kleinere Aktion gehandelt hat, dem die Herrscher der dabei durchzogenen Gebiete keine Bedeutung beimaßen.

Offensichtlich weiterhin im tepanekischen Auftrag, aber mit Unterstützung aus anderen Orten, wurde Xaltocan im Nordteil des Sees erobert, möglicherweise um bei der Nachfolge des dort kurz zuvor verstorbenen Herrschers zu intervenieren. In Chalco kam es sogar zu einer allerdings nur kurzdauernden Eroberung des Hauptortes, die durch eine Allianz aus den Anrainern beendet wurde, zu denen bemerkenswerterweise auch Azcapotzalco gehörte. Die militärischen Aktionen und subtilere Formen der Einflußnahme führten jedenfalls dazu, daß in einer großen Zahl von Orten des Beckens Söhne des tepanekischen Herrschers Tezozomoc den Thron bestiegen, wofür oftmals örtliche Auseinandersetzungen ausgenützt wurden.

Die bedeutendste Entwicklung bahnte sich aber in einer Auseinandersetzung der Tepaneken mit Acolhua'can an, dem zweitmächtigsten Staat. Das tepanekische Territorium und Acolhua'can hatten eine lange gemeinsame Grenze, die immer auf lokaler Ebene Anlaß zu wechselnden Loyalitäten bieten konnte. Dies begann Tezozomoc zu nutzen, nachdem es ihm nicht gelungen war, Acolhua'can durch politischen Druck in die Abhängigkeit zu drängen. Auf der Gegenseite hatte sich der neue Herrscher von Acolhua'can, Ixtlilxochitl Ometochtli (1409–1418), zum Chichimecatecutli proklamiert, ein mehr als nur prestigereicher Titel, den Tezozomoc schon seit langem trug. Daß Ixtlilxochitl eine Tochter des Aztekenherrschers Huitzilihuitl einer angebotenen Tochter Tezozomocs verzog, mag den allerletzten Anstoß gegeben haben. Hierbei handelte es sich nicht nur um verletzte Eitelkeit, sondern um Machtpolitik, denn die Vormacht tendierte dazu, einen Sohn aus einer derartigen Ehe als nächsten Herrscher zu installieren und damit ihren Einfluß zu verstärken.

Die unausweichlichen Kämpfe setzten schließlich im Jahre 1414 ein. Ein Angriff der Tepaneken wurde zurückgeschlagen, und Ixtlilxochitl unternahm eine weitausgreifende Umfassungsoperation, die ihn im Bogen um das Nordufer des Sees führte, von wo er auf die tepanekische Hauptstadt vorstieß und sie mehrere Monate belagerte, allerdings nicht die Kraft hatte, einem Gegenstoß der Tepaneken Stand zu halten, zumal ihm mehrere untergebene Herrscher auf Betreiben Tezozomocs die Gefolgschaft aufgekündigt hatten. Huitzilihuitl von Tenochtitlan und Tlacateotl von Tlatelolco übernahmen dabei auf Seiten der Tepaneken den wichtigsten Teil der Kriegführung und eroberten die bedeutendsten Orte Acolhua'cans. Ixtlilxochitls Reich zerfiel, er selbst wurde schließlich auf der Flucht 1418 ermordet. Sein noch junger Sohn Nezahualcoyotl fand zunächst in Huexotzinco, dann in Tlaxcallan und benachbarten Orten Aufnahme. Als Ergebnis des Sieges übernahmen die Tepaneken den größten Teil des Landes der Acolhua'que, überließen jedoch die wichtigen Städte Tetzcoco und Huexotla ihren Verbündeten Tenochtitlan und Tlatelolco. Nach diesem Sieg war Tezozomoc ohne Rivalen und ließ sich unangefochten als Chichimecatecutli bestätigen. Der Machtbereich der Tepaneken umfaßte jetzt nicht nur das Becken von Mexiko, sondern erstreckte sich über ein weites Gebiet von Tollan im Norden bis Tlachco (heute Taxco) im Süden. Weitere Gebiete waren mit den Tepaneken eher lose alliiert.

Noch während der Kämpfe mit Acolhua'can war Chimalpopoca (1415–1427), Sohn des Huitzilihuitl, wohl noch als

81

Kind auf den Thron von Tenochtitlan gelangt. Als Enkel Tezozomocs konnte er sich eines guten Verhältnisses zu ihm erfreuen. Auch die Verteilung der im Krieg erworbenen Gebiete läßt erkennen, daß die Azteken immer mehr zu Partnern der Tepaneken geworden waren. Die Erlaubnis, Steinbauten in ihren beiden Städten errichten zu dürfen, drückt die gewandelte Beziehung in symbolischer Form aus. Tlatelolco begann sich in diesen Jahren zu einer wichtigen Händlerstadt zu entwickeln, viele Produkte aus den nun erreichbar gewordenen tropischen Zonen erschienen auf dem Markt der Stadt.

Zugleich wurde das Verhältnis zu manchen Fraktionen des tepanekischen Adels immer mehr von Rivalität geprägt. Die Bedeutung, die Tenochtitlan und Tlatelolco als Bündnisgenossen im Krieg bewiesen hatten, ließ bei den Tepaneken die Besorgnis wachsen, sie könnten der eigenen Macht bedrohlich werden. Aus kleinen wechselseitigen Nadelstichen wuchs die Spannung, die der greise Tezozomoc nicht mehr im Zaum halten konnte und die nach seinem Tod im Jahre 1427 offen ausbrach.

2. Der Griff nach dem tepanekischen Erbe – Itzcoatl

Nach dem Tod Tezozomocs brach bei den Tepaneken ein Streit um die Nachfolge aus. Der von Tezozomoc zu Lebzeiten als Stellvertreter eingesetzte und zum Nachfolger vorgesehene Sohn Quetzalayatl (in Quellen aus Tetzcoco wird er Tayauh genannt) wurde, obwohl er schon von den Herrschern Chimalpopoca in Tenochtitlan und Tlacateotl in Tlatelolco anerkannt worden war, von einem älteren Halbbruder, Maxtla, der seit 1410 im tepanekischen Coyohua'can regiert hatte, verdrängt. Weil sie seinen Gegenspieler favorisiert und ein Mordkomplott gegen ihn geplant hätten, ließ Maxtla die beiden Herrscher ermorden und erhöhte sogleich auch den von den Azteken zu leistenden Tribut.

Nachfolger des ermordeten Herrschers Chimalpopoca von Tenochtitlan wurde sein Onkel Itzcoatl (1427–1440), der bei seiner Thronbesteigung rund 40 Jahre alt war. Er wird als kriegserfahren und tatkräftig geschildert. Als seine wichtigsten

Berater wirkten Motecuzoma, der ihm später als Herrscher nachfolgte, und Tlacaelel, der als erster das entscheidende Amt des Cihuacoatl einnahm. Zur selben Zeit trat in Tlatelolco Cuauhtla'toa die Herrschaft an. Beide dürften dem tepanekischen Usurpator zweifellos noch feindseliger gegenübergestanden haben als ihre Vorgänger (deshalb gibt es auch Stimmen, die Itzcoatl den Mord an Chimalpopoca zur Last legen, weil dieser vielleicht wegen seiner verwandtschaftlichen Bindungen nicht entschieden genug gegen die Tepaneken aufgetreten war). Die Opposition gegen Maxtla erfuhr eine bedeutende Verstärkung, als Nezahualcoyotl, dem noch Tezozomoc die Rückkehr nach Tetzcoco gestattet hatte, vor dem Zugriff Maxtlas erneut fliehen mußte und sich diesmal nach Tenochtitlan wandte, wo er – über seine Mutter ein Enkel Huitzilihuitls – wohl auch persönlichen Rückhalt fand. Daß die Azteken wesentlichen Anteil am Sieg der Tepaneken über seinen Vater gehabt hatten, wirkte sich offenbar nach seinem Wechsel auf dem Thron nicht mehr nachteilig aus.

Zwei Interessenslagen gegen die Tepaneken verstärkten einander: Itzcoatl wollte sich aus ihrer Abhängigkeit befreien und Nezahualcoyotl sein heimatliches Land wiedererwerben. Zusätzlich bildete sich eine breite Allianz von Städten, die die Herrschaft der Tepaneken abschütteln oder die Bedrohung durch sie abwenden wollten. Von besonderer Bedeutung war die Beteiligung der von allen Seiten umworbenen bedeutenden Staaten Huexotzinco und Tlaxcallan im Tal von Puebla, wo Nezahualcoyotl zuvor als Flüchtling Aufnahme gefunden hatte. Bemerkenswert, aber verständlich ist, daß Chalco, mit dem Tenochtitlan schon seit langem eine zunehmend schärfer werdende Auseinandersetzung führte, neutral blieb.

Als die Verhandlungen über ein untergeordnetes, aber friedliches Verhältnis zu Azcapotzalco gescheitert waren, bereitete sich die aztekische Führung auf den Krieg vor. Um die Unterstützung des furchtsamen Volkes zu gewinnen, kam es zu einer einmaligen Szene, die so unüblich im zentralmexikanischen Kontext ist, daß sie weder reine Erfindung sein noch der Wirklichkeit voll entsprechen kann: Das Volk fürchtete eine Niederlage. Für diesen Fall versprachen ihm die Adligen, die den Krieg befürworteten, sich in seine Hand zu geben, damit es sich an ihnen räche, also wohl sie töte. Für den Fall des Sieges verpflichtete sich das Volk, den Adligen künftig jegliche Dienste zu leisten, Tribut zu zahlen und sich ihnen auf ewige Zeit zu unterwerfen. Die unrealistischen Elemente dieses Paktes sind die implizite Aussage, bis dahin hätte das Volk den Adligen keine Dienste und Abgaben geleistet, sowie, welchen Sinn eine Rache am Adel haben sollte, wenn alle zusammen die Folgen einer Niederlage zu erleiden hätten. Das Volk hatte im Gegensatz zum Adel in keinem Fall etwas zu gewinnen und immer zu verlieren. Die Erzählung, so wird man folgern müssen, dient vielmehr zur Begründung der späteren Verhältnisse, wovon noch zu sprechen sein wird.

Der nach diesen Vorbereitungen beginnende Krieg umfaßte zwei Phasen. Die erste richtete sich zunächst nach Nezahualcoyotls Interessen und brachte die Rückeroberung von Tetzcoco und des größten Teils von Acolhua'can, wo die von Maxtla eingesetzten Herrscher getötet wurden. An dieser Aktion beteiligte sich auch Chalco, das sich anschließend einen Teil des südlichen Acolhua'can mit Coatlichan einverleiben konnte. Die zweite Phase umfaßte die Eroberung Azcapotzalcos und entsprach den Intentionen der Azteken. Der besonders von nicht-aztekischen Quellen eingehender geschilderte Aufmarsch läßt die militärische Strategie erkennen: drei Heeressäulen kreisten Azcapotzalco ein, die erste unter Nezahualcoyotl und dem Herrscher von Huexotzinco mit ihren Kriegern, die zweite unter Führung von Itzcoatl mit den Truppen von Tenochtitlan, verstärkt durch ein weiteres Kontingent aus Huexotzinco, die dritte geleitet von Cuauhtla'toa von Tlatelolco und Motecuzoma aus Tenochtitlan. Daß zunächst die kleine Stadt Tlacopan (Tacuba) kampflos fiel, dürfte auf eine heimliche Absprache mit ihrem Herrscher Totoquihuaztli zurückzuführen sein, der dafür anschließend auch belohnt wurde. Ob die berichtete Belagerung von Azcapotzalco, die eigentlich der indianischen Kriegführung fremd ist, der Wirklichkeit entspricht, ist zweifelhaft. Nach der Eroberung der

Stadt kam es zu einem schrecklichen Gemetzel, wobei Maxtla vermutlich fliehen und sich nach Coyohua'can zurückziehen konnte, wo er sich noch einige Zeit an der Macht hielt. Erst 1431 scheint er auch von dort zur Flucht gezwungen worden zu sein, auf der er bald umgekommen sein soll – die Darstellungen der Quellen sind hier besonders widersprüchlich. Mit der Niederlage war die Macht der Tepaneken jedenfalls endgültig beseitigt. Nezahualcoyotl trug nun unangefochten den Titel Chichimecatecutli, den zu beanspruchen seinen Vater das Leben gekostet hatte, und wurde wieder als Herrscher von Acolhua'can installiert, allerdings zunächst noch in Tenochtitlan, da ihm in Teilen seines Reiches einzelne lokale Herrscher die Gefolgschaft verweigerten.

Die Überwindung der letzten Widerstände dauerte bis 1433, erst dann konnte Nezahualcoyotl wieder die Herrschaft über ganz Acolhua'can ausüben. Im Zuge einer administrativen Neuordnung wurde sein Land in 14 lokale Herrschaften gegliedert, wobei traditionelle ethnische Einheiten berücksichtigt wurden. Zur dauerhaften Stabilisierung trug bei, daß die lokalen Herrscher, die in den letzten Jahren der tepanekischen Seite zugeneigt hatten, zumeist in ihren Ämtern belassen wurden. Dies wurde angesichts der erreichten eindeutigen Machtverhältnisse offenbar als ungefährlich angesehen.

Die Veränderungen im Becken von Mexiko unterhalb der staatlichen Ebene waren auch in den von Tenochtitlan übernommenen tepanekischen Gebieten weitreichend, jedoch von anderen Zielen bestimmt. Während dem dort lebenden lokalen Adel seine Besitztümer weitgehend belassen wurden, wohl um keine Gegnerschaft zu provozieren, sondern Loyalität zu sichern, wurde vor allem in Coyohua'can Land des einfachen Volkes in großem Umfang an die erfolgreichen aztekischen Truppenführer vergeben, in erster Linie an Nachkommen des Acamapichtli. Die Menschen, die dieses Land vermutlich bisher für sich selbst bearbeitet hatten, gerieten nun offenbar in unmittelbare Abhängigkeit von den neuen Landbesitzern. Wie die bereits erwähnte anekdotenhafte Schilderung (S. 84) begründete, ging bei der Verteilung die nicht-adlige Bevölkerung Tenochtitlans beinahe leer aus: Nur einzelne verdiente Krieger erhielten etwas Land, andere Flächen wurden den Stadtvierteln für den Unterhalt der Tempel und der diesen angeschlossenen Einrichtungen überlassen.

Der Zugriff auf Land und seine Bearbeiter als dem einzigen bedeutenden Produktionsmittel war nun auch in Tenochtitlan überproportional dem Herrscher als Verkörperung des Staates und dem Adel vorbehalten und wurde zu einem zusätzlichen Merkmal für herausgehobenen sozialen Status. Als deutliches Anzeichen für einen auch administrativen Ausbau wurden die hergebrachten Titel, die hohe Ränge ausdrückten, durch eine ganze Reihe neuer ergänzt, die von nun an hohe Amtsträger des aztekischen Staates bezeichneten. Zugleich mit der sich in diesen Ämtern ausdrückenden stärkeren Differenzierung der Schichtung innerhalb des Adels grenzte sich dieser auch deutlicher vom Volk ab. Trotz der Zunahme der höchsten Ämter konzentrierte sich die Macht immer stärker auf die Person des Herrschers, eine Entwicklung, die sich deutlich von der häufig anzutreffenden Struktur von vier oder einer noch größeren Zahl von gleichrangigen Herrschern abhob, die aber vermutlich von Tezozomoc schon vorgezeichnet worden war.

Die innenpolitischen Veränderungen in Tenochtitlan waren sicherlich weitgehender, als sich aus den Quellenberichten ablesen läßt. Dies ist zweifellos zum Teil Ergebnis eines bewußten Eingriffs Itzcoatls mit dem Ziel, die Geschichtsdarstellung in Einklang mit den von ihm geschaffenen Verhältnissen zu bringen. Er ließ, so heißt es bei Sahagún, die historischen Aufzeichnungen verbrennen, da ihr Inhalt für das Volk nicht geeignet gewesen sei, das heißt, dem Herrschenden unliebsame Aussagen enthielt. Für die von Itzcoatl vorgenommene Umgestaltung der Geschichte sind in der modernen wissenschaftlichen Literatur zahlreiche Komplexe genannt worden, die vor allem im ideologisch-religiösen Bereich liegen und der Legitimierung der Dynastie dienen sollten; allerdings ist der exakte Nachweis schwierig.

Die Macht im Becken von Mexiko wurde nun von den drei Partnern eines Bundes ausgeübt, an deren Spitze die Azteken von Tenochtitlan standen. Acolhua'can wurde zunächst gleichwertiger Partner in der Allianz. Als drittes Mitglied wurde Totoquihuaztli mit seiner Stadt Tlacopan in den aztekischen Dreibund aufgenommen. Wenngleich er nominell den tepanekischen Staat repräsentierte, spielte dieser politisch keine wesentliche Rolle mehr. Er mußte hinnehmen, daß sein Territorium auf einen Bruchteil verkleinert wurde. Die Partner des Dreibundes waren in ihren ursprünglichen Territorien autonom, lediglich die Herrschaftsnachfolge war an die Zustimmung der beiden anderen gebunden. In der Praxis konnten sich die Abhängigkeitsverhältnisse untergebener Gebiete jedoch sehr komplex gestalten. Selbst im Kriegsfall handelte der Dreibund je nach Interessenslage gemeinsam oder individuell.

Der Zerfall der tepanekischen Macht hatte viele der ihr vormals untergebenen Gebiete in eine vorläufige Unabhängigkeit entlassen. Die Azteken sahen sich deshalb veranlaßt, frühere Eroberungen, die sie für die Tepaneken unternommen hatten, nunmehr im eigenen Namen zu wiederholen. Mit Xochimilco, Cuitlahuac, Mizquic und Mixcoac wurde das südliche Seeufer, mit Cuahua'can und Cuauhximalpan wurden im westlichen Bergland gelegene Orte des alten Herrschaftsgebietes der Tepaneken unterworfen. Die Azteken übten damit direkt oder durch ihre Bündnispartner die Herrschaft über den größten Teil der südlichen Beckenlandschaft aus, nur Chalco blieb ausgespart. Der Eingliederung und Anbindung an die Inselstadt dienten bemerkenswerte Ingenieurleistungen, so der Bau des Trinkwasseraquädukts von Chapultepec und mehrerer Dammstraßen zum Festland, zu deren Bau die unterworfenen Städte herangezogen wurden. Diese Verkehrswege waren Voraussetzungen der künftigen Entwicklung.

Die militärischen Unternehmungen außerhalb des Beckens sind nicht sicher faßbar. Zweifelsfrei ist die Unterwerfung des Gebietes zwischen Cuauhnahuac und Cuauhtla' mit einigen weiter südwestlich und südlich gelegenen Plätzen im subtropischen Bergland, wobei Tlatelolco gleichermaßen beteiligt war; ob als selbständig handlungsfähige Macht oder lediglich als Lieferant für Hilfstruppen, ist ungewiß.

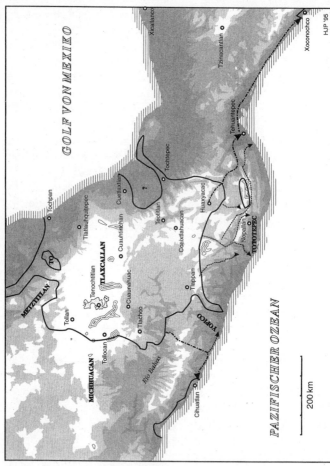

3. Aztekisches Reich – Eroberung und Ausdehnung

Die hier gezeichnete Grenze umschließt Gebiete, die nach verschiedenen Tributlisten der Azteken zahlungspflichtig waren. Militärisch gesicherte Durchzugsrouten sind durch dicke unterbrochene Linien angezeigt, offenbar folgenlose militärische Expeditionen durch dünne unterbrochene Linien, sie sind nur zum Teil dargestellt. Alle Routen und Grenzverläufe sind stark schematisch. Höhenzone über 2000 m weiß, darunter grau schattiert. TO = Tototepec.

88

V. Auf dem Gipfel der Macht

1. Die expansive Phase – Motecuzoma I.

Auch nach dem Tod Itzcoatls fiel die Nachfolge in der für Tenochtitlan charakteristischen Weise nicht auf seinen Sohn, sondern seinen Neffen Motecuzoma I. mit dem Beinamen Ilhuicamina (1440–1471). Dessen Halbbruder Tlacaelel hatte das von Itzcoatl eingerichtete zweithöchste Amt im Staat, das des Cihuacoatl inne. Auch wenn in wichtigen Quellen, die der Familie des Tlacaelel nahestehen, seine Bedeutung als Person und die seines Amtes sicherlich überbewertet wird, handelte es sich zweifellos um eine bemerkenswerte Persönlichkeit. Nach heutiger Ansicht haben Motecuzoma und Tlacaelel die Gestalt des aztekischen Staates in der bis zur Conquista bestehenden Form – wie sie in den ersten Kapiteln beschrieben ist – geprägt.

Die Regierungszeit Motecuzomas I. wird durch vier wesentliche Geschehnisse bestimmt, von denen drei militärischer Art sind: der Krieg gegen Chalco, die Expansion zum Küstenland und die „Blumenkriege" gegen die nahen Nachbarn, sowie eine verheerende Hungersnot. Alle diese Geschehnisse sind eng mit einander verknüpft.

Schon unter Acamapichtli hatten die Auseinandersetzungen mit Chalco begonnen (siehe S. 78) und sich seither mit wechselvollen Ergebnissen fortgesetzt. Motecuzoma war an den Landschaften südlich des Beckens von Mexiko, zu denen der günstigste Zugang über den niedrigen Paß von Chalco führte, nicht nur aus den persönlichen Gründen seiner Herkunft (S. 79), sondern wegen der begehrten subtropischen Produkte interessiert. Motecuzomas Beziehungen zu Chalco waren ambivalent: er war in jungen Jahren dort Kriegsgefangener gewesen und nur knapp mit dem Leben davongekommen, hatte aber Chalco später auch eine Art Freundschaftsbesuch abgestattet. Tlacaelels Verbindung zu Chalco muß deutlich enger gewesen sein, denn er hatte von dort seine Frau geholt. Motecuzoma begann unverzüglich, die Voraussetzung für die

Fortführung des Krieges mit Chalco zu schaffen, nämlich die Sicherung der Herrschaft über die von Itzcoatl unterworfenen Orte im südliche Teil des Beckens, die den Herrscherwechsel in Tenochtitlan vielleicht in ihrem Sinne nutzen wollten. Gegenüber Chalco bedurfte es keiner besonderen Bemühungen, den schwelenden Konflikt wieder zu beleben. Bei diesem wie ähnlichen Anlässen wurde dem Gegner die symbolisch zu verstehende Gelegenheit gegeben, sich durch die Anerkennung von Leistungsverpflichtungen zu unterwerfen und einen Krieg zu vermeiden. Im Falle Chalcos wurde Baumaterial für den Ausbau des Huitzilopochtli-Tempels in Tenochtitlan gefordert. Die Weigerung Chalcos führte dann unmittelbar zum Kampf, an dem sich viele unterworfene Orte und die tepanekischen Städte beteiligten. Der Krieg konnte trotz beträchtlicher Verluste auf beiden Seiten und einer fortschreitenden Einengung des Territoriums von Chalco aber zunächst nicht zu Ende geführt werden.

Eine ausgedehnte Serie von Naturkatastrophen erschütterte das mexikanische Hochland: 1446 eine Heuschreckenplage, 1449 Überschwemmungen (denen östlich der Stadt mit einem rund 16 Kilometer langen Deich quer über den See begegnet wurde), und ab 1450 eine vierjährige Dürre. Die Hungersnot war so groß, daß die Vorräte der Paläste und die herangebrachten Lebensmittel nicht ausreichten, um die Bevölkerung zu versorgen. Viele Menschen flohen in die begünstigteren Gebiete im Tiefland der Golfküste, verkauften sich oder ihre Kinder dorthin um der Ernährung willen als Sklaven.

Die Hungersnot und die Unfähigkeit, der Katastrophe zu begegnen, hatte den Herrschern deutlich gemacht, daß sie zur Vorsorge auf die Tiefländer angewiesen waren, die den klimatischen Risiken weniger ausgesetzt waren, und daß es deshalb zweckmäßig wäre, diese zu unterwerfen. Doch noch war der Weg aus dem Becken in das Küstenland nicht frei, Chalco bildete einen lästigen Sperriegel, der zu beseitigen war. Aber der Krieg gegen Chalco zog sich noch über ein Jahrzehnt hin, er wurde härter geführt als bisher und kostete auf beiden Seiten auch Mitgliedern der Herrscherfamilie das Leben. Erst

1464 gelang schließlich die Eroberung durch Verrat. Die Verwaltung in Chalco blieb auf lange Zeit in der Hand von Militärgouverneuren, ein deutliches Zeichen der gespannten Situation.

Bereits vorher waren die aztekischen Truppen in das südöstlich gelegene Bergland vorgestoßen. Zwei Ziele ragen besonders hervor: Das erste, Coaixtlahuacan, das selbst ein kleines Reich der Mixteken mit abhängigen Gebieten war, bildete einen Knotenpunkt von Handelswegen und hatte vor allem als Umschlagplatz für Waren aus den fernen tropischen Gebieten große Bedeutung. Die trockenen Meldungen der Quellen lassen nicht ahnen, warum der Herrscher von Coaixtlahuacan, Atonal, im Verlauf der Eroberung getötet wurde, seine Witwe aber später in ihrer Stadt als Tributverwalterin für die Azteken fungierte. Zahlreiche Gefangene wurden nach Tenochtitlan geführt, um dort feierlich geopfert zu werden. Vermutlich am wichtigsten war aber die Öffnung des Weges in das fruchtbare Talbecken von Huexyacac (Oaxaca). Dessen Eroberung soll eine ganze Stadt ausgelöscht haben und führte zur Einrichtung einer Militärkolonie, einer der wenigen Fälle, in denen die Azteken in eroberten Gebieten eigene, allerdings nur kleine Siedlungen errichteten.

Das zweite wichtige Ziel waren die tropischen Küstenländer. Weil sowohl Chalco als auch die unabhängigen Gebiete in Puebla und Tlaxcala den direkten Weg versperrten, mußten die aztekischen Truppen Umwege wählen: im Norden durch die Senke von Teotihuacan und an Tollantzinco (Tulancingo) vorbei überwanden sie die zerschnittene Kordillere und stießen erstmals in das flache Küstenland vor. Sie erreichten den Golf von Mexiko bei Tochpan (Tuxpan). Die Expedition war aber offensichtlich nicht ganz erfolgreich, besonders das wichtige Marktzentrum Xiuhcoac konnte seine Unabhängigkeit noch für einige Zeit bewahren.

Der südlichere Abschnitt des Küstenlandes war das Ziel eines weiteren Vorstoßes, der diesmal die unabhängigen Gebiete im Süden umging. Vermutlich war die schon vorher in den aztekischen Einflußbereich einbezogene Stadt Cuauhtinchan

(s. S. 79) ein wichtiger Stützpunkt. In der weiteren Umgebung wurde die aztekische Vormacht nach erfolgreichen Angriffen auf Tepeyacac (Tepeaca) und andere Hauptorte anerkannt. Die weitere Route ins Küstengebiet führte über Ahuilizapan (Orizaba) in die am Abfall der Kordilliere gelegene subtropische Zone, wo eine beträchtliche Anzahl von Orten unterworfen wurden, darunter wichtige Handelszentren. Auf der Strecke ins nördlichere Küstenland fiel auch das bedeutende Tlatlauhquitepec in aztekische Hand. Andere militärische Operationen brauchen hier nur kurz erwähnt zu werden: Sie führten in die südliche Abdachung des mexikanischen Hochlandes und den Oberlauf des weitverzweigten Flußsystems des Río Balsas. Ihre Zweckbestimmung ist nicht ohne weiteres zu erkennen.

Mit den Kriegszügen verfolgten die Azteken in erster Linie die Absicht, das Volumen der Tributlieferung zu erhöhen, während die Vergrößerung des beherrschten Territoriums nur Mittel zu diesem Zweck war. Wichtig waren aber auch Gefangene für die Menschenopfer, in deren Zunahme sich die Bedeutungssteigerung des sogenannten kriegerisch-religiösen Komplexes ausdrückt. Huitzilopochtli, der zunächst als der Stammesgott der Azteken in Erscheinung trat, hatte sich zu einem Kriegsgott gewandelt und wurde in die zentralmexikanische Götterwelt als ein Aspekt der Sonne eingegliedert. Begründet durch Mythen herrschte die Vorstellung, daß die willkürlich agierenden Götter durch vielfältige Opferhandlungen unterstützt werden müßten, damit der Gang der Gestirne und das Fortbestehen des Kosmos gewährleistet werde. Die Menschen für die Opfer heranzuschaffen, war vornehmste Aufgabe der Krieger.

Je weiter die Kriegsschauplätze vom Becken von Mexiko entfernt waren, um so aufwendiger wurde die Durchführung der Kriegszüge und zugleich ungewisser ihr Erfolg, gemessen in Opfergefangenen. Nach der Schilderung der Quellen war dies einer der Beweggründe für eine merkwürdige Institution, die „Blumenkriege", die während der zweiten Hälfte der Regierungszeit Motecuzomas I. eingerichtet oder ausgebaut wurden. Diese Kriege mit den benachbarten einstigen Verbündeten Cholollan (Cholula), Huexotzinco und Tlaxcallan, sowie einigen weiteren im Tal von Puebla, sollten den Kriegern beider Seiten Gelegenheit zu einem realistischen Training bieten und außerdem mit möglichst begrenztem Aufwand der Gewinnung einer ausreichenden Zahl von Opfergefangenen dienen. Die enge kulturelle Verwandtschaft mit diesen Gegner-Partnern, die sich auch in einer weitgehend deckungsgleichen Religion ausdrückte, und dieselbe Sprache machte die Gefangenen vermutlich auch zu besonders geeignet erscheinenden Gaben an die gemeinsamen Gottheiten. Eroberungen wurden mit diesen Kriegen zunächst auch deshalb nicht angestrebt, weil es sich um ein dem Becken von Mexiko ökologisch ähnliches und deshalb wirtschaftlich unattraktives Gebiet handelte. Ein weiterer Nutzen des Krieges war die Gelegenheit für Adel und Nicht-Adlige, durch kriegerischen Erfolg Prestige und sozialen Aufstieg zu erlangen. Die Blumenkriege entwickelten sich allmählich trotz ihrer ritualisierten Form zu einem Abnutzungskrieg, in dem beide Seiten konstant hohe Verluste erlitten.

Unter Motecuzoma wurden die beiden großen sozialen Schichten, Adel und Nicht-Adlige, deutlicher voneinander getrennt, als dies bisher der Fall gewesen zu sein scheint. Durch Kleidung, Schmuck, Haartracht und andere Details wurde die feine Abstufung der sozialen Position sichtbar gemacht, strenge Regeln sorgten für die Einhaltung und gegebenenfalls Bestrafung. So war allein dem Adel Kleidung aus der kostbareren, weil lokal nicht verfügbaren Baumwolle vorbehalten, sowie Sandalen und längerer Umhang. Auch jeder Rang der Krieger und jede Amtsposition war äußerlich klar erkennbar. Offenbar sehr eingehende Vorschriften regelten jeglichen Bereich des Lebens. Ob Motecuzoma aber tatsächlich als Gesetzgeber in Erscheinung trat, muß fraglich bleiben, weil die entsprechenden Angaben bei dem aus Tetzcoco stammenden Autor Ixtlilxochitl vielleicht eher dem europäischen Muster eines weisen Herrschers entsprechen sollten. Zu den sicherlich nicht authentischen Episoden zählt die bereits erwähnte (S. 63) von Motecuzoma angeordnete Expedition von Zauberern nach dem mythischen Aztlan.

2. Krieg ohne Ende – Axayacatl

Als Motecuzoma I. starb, gab es keinen legitimen Sohn, der die Nachfolge hätte antreten können. Einige Quellen sprechen davon, daß für einige Jahre seine Tochter Atotoztli die Herrschaft antrat, wobei ihr Mann als der eigentliche Herrscher fungierte. Diese Quellen sind aber nicht allzu glaubwürdig, weil sie aus einer bestimmten Interessenlage in der Kolonialzeit die Erbfolge in der weiblichen Linie betonten. Es ist aber auch nicht auszuschließen, daß die anderen Quellen eine Herrscherin aus entgegengesetzten ideologischen Gründen übergehen. In vereinzelten Berichten wird auch Motecuzomas Sohn Iquehuacatzin als vorgesehener Nachfolger erwähnt. Aber nach der Herrscherfolge in der überwiegenden Mehrzahl der Berichte wurde Axayacatl (1471–1482) der unmittelbare Nachfolger Motecuzomas. Seine genealogische Position verdeutlicht die ausschlaggebende Bedeutung der Abstammung: In ihm fließen die Herrscherlinien über Itzcoatl einerseits und Huitzilihuitl – Motecuzoma andererseits zusammen, er ist, wie auch seine beiden älteren Brüder, die jedoch erst nach ihm zur Herrschaft kamen, über Vater und Mutter jeweils Enkel eines dieser beiden Herrscher (siehe Genealogie S. 24). Daß er zum Herrscher ausgewählt wurde, muß erstaunen, weil er die erforderlichen Qualitäten mit 19 Jahren noch kaum hat unter Beweis stellen können (die Annahme einer vorausgehenden mehrjährigen Herrschaft von Atotoztli würde dieses Problem lösen). Bei der Wahl Axayacatls dürften Auseinandersetzungen verschiedener Fraktionen stattgefunden haben, als deren Ergebnis gerade ein – noch farbloser – Kompromißkandidat bestellt wurde. Aber das bleibt unbeweisbar. Auch von einem Aufbegehren des übergangenen Iquehuacatzin ist die Rede. Bemerkenswert ist, daß einzelne Quellen dem Herrscher von Tetzcoco, Nezahualcoyotl, die entscheidende Stimme zuschreiben, denn dieser hatte in der Situation des aztekischen Interregnums klar die prestigereichste Position inne.

Vor der offiziellen Thronbesteigung mußte der neu gewählte Herrscher in einem Kriegszug Gefangene als Opfer für die Zeremonien machen. Die Berichte sind widersprüchlich, ob Axayacatl einen von seinem Vater begonnenen Feldzug in die nahe gelegene Region der Golfküste nach Cuetlaxtlan weiterführte oder sich auf einen sehr weitreichenden Feldzug an die Pazifikküste zwischen Tehuantepec und Huatolco wagte, ein infolge der großen Distanz logistisch schwieriges Unterfangen, das auch wegen der Notwendigkeit, weite, noch keineswegs unterworfene Gebiete durchziehen zu müssen, risikoreich war. Die Plausibilität spricht für die erste Möglichkeit. Die weiteren Eroberungszüge lassen sich im Detail nur teilweise nachvollziehen, da die Informationen in den Quellen widersprüchlich oder erkennbar fehlerhaft sind; Ursache mag die Unvertrautheit der indianischen Kommentatoren mit den in ihren Bilderhandschriften enthaltenen Ortshieroglyphen für entfernte Plätze mit fremdartigen Namen sein.

Axayacatl erweiterte das von seinem Vorgänger unterworfene Gebiet an der nördlichen Golfküste und unternahm erstmals eine Serie von Vorstößen in das westlich des Beckens von Mexiko gelegene Hochtal von Tollocan (Toluca), in dem eine Reihe von Kleinstaaten der Matlatzinca' und der Mazahua' bestanden. Motiv für die Vorstöße nach Westen war, den Bestrebungen des jenseits des Hochtals anschließenden großen Reiches der Tarasken von Michhua'can zu begegnen, ihrerseits ihr Einflußgebiet nach Osten zu erweitern. Die aztekische Eroberung des Tales von Tollocan machte sich interne Streitigkeiten durch Parteinahme für eine Seite zunutze und konnte nach drei Jahren erfolgreich abgeschlossen werden. Sie war die Voraussetzung für einen weiteren Vorstoß, der nun in die Randzone des taraskischen Reiches hineinführte. Er wurde 1478 von den Tarasken unter Tzitzipandácuare aufgehalten, denen es gelang, durch ihre gewaltige Übermacht die aztekischen Truppen beinahe zu vernichten. Ein von den Tarasken im Gegenzug unternommener Feldzug ins Tal von Tollocan scheiterte jedoch am gut ausgebauten aztekischen Widerstand. Das in diesen Kämpfen offenkundig gewordene militärische Gleichgewicht der beiden Mächte sorgte bis zur Eroberung durch die Spanier zwischen ihnen für einen Zustand gespannter Ruhe.

Das taraskische Reich war also dem aztekischen während des letzten Jahrhunderts vor der spanischen Eroberung militärisch und politisch ebenbürtig, wenngleich das direkt oder indirekt beherrschte Gebiet erheblich begrenzter war. Zentrum war die Hochfläche um den See von Pátzcuaro mit dem Hauptort Tzintzuntzan. Der sehr fähige Herrscher Tzitzipandácuare (ca. 1454–79) gestaltete das Reich zu einem zunehmend strafer organisierten Staat um und integrierte in den Randzonen fremde Bevölkerungsgruppen, die vor allem vor der Westausdehnung des aztekischen Reiches zurückgewichen waren. Sie bildeten Teil einer Militärgrenze, die sicherlich auch zur Verhinderung weiterer Vorstöße der Azteken beigetragen hat.

Im Jahre 1473 unterwarfen die Azteken ihre Nachbarstadt Tlateloco. Der Konflikt zwischen den beiden nur durch einen Kanal getrennten Städten hatte bereits seit langer Zeit geschwelt; Ursache dafür war vermutlich die starke Position von Tlateloco als wichtigstes Handelszentrum im Becken von Mexiko. Eine andere Quelle der Rivalität mag gewesen sein, daß Tlateloco, obwohl an vielen militärischen Expansionsunternehmungen Tenochtitlans beteiligt, bei der Bildung des Dreibundes nicht berücksichtigt und somit seiner politischen Einflußmöglichkeiten weitgehend beraubt worden war. Daß Tlateloco militärisch gegenüber dem weit stärkeren Tenochtitlan chancenlos war, muß offenkundig gewesen sein. Sein Herrscher Moquihuix versuchte deshalb, Bundesgenossen zu finden, allerdings war seinen heimlich vorgetragenen Bitten im Becken von Mexiko naheliegenderweise nur geringer Erfolg beschieden, und bei den ferner gelegenen Feinden der Azteken stießen sie erstaunlicherweise ebenfalls auf Ablehnung. Die Niederlage Tlatelocos war somit unvermeidlich, und Moquihuix, damals bereits um die 70 Jahre alt, wurde von Axayacatl persönlich im Zweikampf auf der Plattform der Pyramide getötet. Die Dynastie von Tlateloco endete, und die Stadt wurde künftig von aztekischen Militärgouverneuren beherrscht.

In die Regierungszeit Axayacatls fällt der Tod wichtiger Persönlichkeiten. Für die Innenpolitik Tenochtitlans war der Tlacaelel, als Cihuacoatl der Inhaber des zweitwichtigsten Amtes im Staate, von besonderer Bedeutung gewesen. Er hatte drei Herrschern als Berater gedient. Aus seiner Familie, die der Herrscherlinie von Tenochtitlan entstammte, kamen auch die späteren Inhaber dieses Amtes, zunächst sein gleichnamiger Sohn, den einzelne Quellen mit der Person seines Vaters verschmelzen und diesen deshalb als eine in jeder Beziehung übermenschliche Gestalt erscheinen lassen, die aus der zweiten Position heraus der eigentliche Lenker des aztekischen Staates gewesen sei. Es starb auch Nezahualcoyotl, der Herrscher von Tetzcoco. Er hatte nach der Auseinandersetzung mit den Tepaneken nur mit Hilfe von Tenochtitlan seine Herrschaft zurückgewinnen können. Die Quellen schildern ihn als erfahrenen Herrscher und Baumeister. Von ihm kam die Idee des Dammes quer durch den See von Mexiko, der östlich von Tenochtitlan die salzigen Gewässer im Norden von den süßen im Süden trennen sollte und die Gefahr von Überschwemmungen, die Tenochtitlan immer wieder schwer getroffen hatten, bannte. Sein Herrscherpalast mit weiten Gartenanlagen in Tetzcoco muß der prächtigste im alten Mexiko gewesen sein. Aber Nezahualcoyotl ist gleichermaßen berühmt als Dichter von elegischen Liedern und Schöpfer einer rigiden, aber vielleicht nicht ganz authentisch überlieferten Gesetzgebung. An den Eroberungen hatte Tetzcoco aber offensichtlich zu dieser Zeit nur noch geringen Anteil.

Auf Axayacatl, der bei seinem Tod erst etwa 30 Jahre alt war, folgte als Herrscher sein älterer Bruder Tizoc (1482–86), damals bereits Inhaber hoher Staatsämter. Seine kurze Herrschaftszeit wird mit dem Beginn einer Erweiterung des Haupttempels von Tenochtitlan in Verbindung gebracht, der mit hervorragenden Kunstwerken ausgestattet wurde, welche die kriegerischen Leistungen der Azteken mit ihrer Religion verknüpften. Als Kriegsführer, wie Tizoc auf diesen Monumenten verherrlicht wird, war er jedoch tatsächlich weitgehend erfolglos. Der übliche Feldzug vor seiner Thronbesteigung hatte den kleinen Stadtstaat Metztitlan im Nordosten des mexikanischen Hochlandes zum Ziel. Auch wenn die Azteken behaupteten, einen Sieg errungen zu haben, so konnten sie Metztitlan weder erobern noch eine größere Anzahl von Kriegsgefangenen nach Hause bringen. Die weiteren Kriegszüge in der Regierungszeit Tizocs führten nicht zu wesentlichen Eroberungen, sondern bestanden in den üblichen kleinräumigen Maßnahmen zur Niederwerfung lokaler Aufstände und Gehorsamsverweigerungen. Es waren militärische Operationen, an denen Tizoc vermutlich nicht persönlich beteiligt war. Er soll sich vielmehr immer mehr in seinem Palast zurückgezogen und die Geschäfte vernachlässigt haben. Ob Tizoc nach so kurzer Regierungszeit eines natürlichen Todes starb oder, wie manche Quellen behaupten, ermordet wurde, läßt sich nicht mehr entscheiden. Daß die Version von der Ermordung aufgebracht wurde, macht jedoch deutlich, wie willkommen sein Tod gewesen ist oder von den später Lebenden betrachtet wurde.

3. Bis zu den fernsten Grenzen – Ahuitzotl

Der folgende Herrscher, Ahuitzotl (1486–1502), Bruder der vorangegangenen beiden Herrscher, übernahm ein in jeder Beziehung geschwächtes Reich. Seine bisherige militärische Karriere hatte ihn gleichermaßen wie seine Vorgänger zum Herrscheramt geradezu vorbestimmt. Sein erster Kriegszug als Herrscher führte ihn, der viele Maßnahmen zur Stärkung der Kampfkraft des aztekischen Heeres unternahm, in den Norden des Tals von Tollocan und in die weiter nördlich angrenzenden Bergzonen, Gebiete, die schon vorher von den Azteken erobert worden waren und wohl unter Tizoc die effektive Herrschaft abgeschüttelt hatten.

Die erschütterte Macht der Azteken zeigte sich auch bei den Feierlichkeiten zur Thronbesteigung Ahuitzotls. Es war üblich, daß bei derartigen großen Feierlichkeiten nicht nur die Bevölkerung der umgebenden Orte und die Herrscher aller abhängigen Stadtstaaten vollzählig teilnahmen, sondern gerade auch die Herrscher der noch nicht unterworfenen und feindlichen Gebiete, am wichtigsten darunter Tlaxcallan und die Tarasken. Sie alle wiesen diesmal die Einladung scharf zurück. Die Anerkennung als Herrscher der Azteken, die zu einem nicht geringen Teil auch durch die Anwesenheit unabhängiger Herrscher Gewicht erhielt, war somit nur eine begrenzte, ein Manko, das Ahuitzotl sich anschließend auszugleichen bemühte. Gelegenheit hierzu bot sich im von den Huaxteken bewohnten Gebiet der nördlichen Golfküste. Die Quellen nennen zahlreiche Orte, die schon mehrfach das Ziel aztekischer Kriegszüge waren, so daß es sich entweder um einen Abfall dieser Orte und Gebiete gehandelt haben mag oder um neuerliche Expeditionen zur Sicherung eines nur oberflächlich beherrschten Gebietes. Diesmal war die Ausbeute an Kriegsgefangenen beträchtlich. Sie wurden nach Tenochtitlan geführt und dort zusammen mit anderen in großer Zahl bei der Einweihung der Erweiterung des Haupttempels geopfert, die schon unter Tizoc begonnen worden war. Die von den Quellen behauptete Zahl von Geopferten in der Größenordnung von mehr als Zehntausend ist sicherlich weit überhöht, dennoch besteht kein Zweifel, daß es Ahuitzotl darum ging, auch durch die Opfer anläßlich einer im Grunde religiösen Zeremonie die wieder erstarkte Macht der Azteken zu demonstrieren. Daß diesmal die Herrscher der unabhängigen Gebiete ausnahmslos an den Feierlichkeiten teilnahmen, zeigt, wie wirksam die Azteken ihre Machtposition zurückgewonnen haben.

Wenngleich er in verschiedenen Gebieten kleinere Unruheherde zu beseitigen hatte und die aztekische Herrschaft sicherer zu verankern war, konnte sich Ahuitzotl nun zwei wichtigen und lange vernachlässigten Aufgaben widmen: zunächst einer Eingrenzungsoperation gegenüber den Tarasken im

Südwesten. Dort, wie in anderen Teilen ihres Grenzgebietes zu den Azteken, hatten die Tarasken Bergfestungen und befestigte Siedlungen errichtet, denen die Azteken zunächst nichts entsprechendes entgegenzusetzen hatten. Aufstände oder eher die Weigerung, die aztekische Oberherrschaft durch Tributzahlungen oder Erscheinen bei Festlichkeiten anzuerkennen, gaben Anlaß zu einer Expedition an den Oberlauf des Río Balsas. Die Bevölkerung der widerspenstigen Städte wurde ausgelöscht, nur die Kinder wurden überallhin verteilt. Zur Wiederbesiedlung wurden aus allen Städten des aztekischen Kerngebietes einschließlich Tetzcocos und Tlacopans Familien in die entvölkerten Grenzorte geschickt, die dort als Wehrbauern die Grenze gegenüber den Tarasken sichern helfen sollten. Die anderen militärischen Vorstöße dienten weniger der territorialen Erweiterung als der Einrichtung und Sicherung von Handelsrouten in attraktive, weit entfernt gelegene Gebiete, wie die Pazifikküste nördlich und südlich des Isthmus von Tehuantepec bis nach Xoconochco an der Grenze des heutigen Guatemala – zugleich die weiteste von den Azteken erreichte Entfernung von Tenochtitlan. Die von dort geholten Güter waren fast ausschließlich Vogelfedern und Vogelbälge für kostbare Federarbeiten sowie Kakao. Die in der Forschung für diese Zeit vielfach behauptete Eroberung von Teilen des Hochlandes von Chiapas oder gar Guatemalas beruht auf der Fehlinterpretation dürftiger Quellenaussagen und hat in Wirklichkeit nicht stattgefunden.

Die Interpretation der militärischen Vorstöße nach dem äußersten Süden stützt sich auf die in den Quellen ausdrücklich geschilderte Beteiligung der paramilitärischen Kolonnen von Fernhändlern an den Kämpfen und auch auf den relativen Mißerfolg des Kriegszuges, da auch in den folgenden Jahren die Händlerzüge dorthin starken Gefährdungen ausgesetzt blieben. In diesem Zusammenhang ist zu berücksichtigen, daß Handelsexpeditionen in Gebiete außerhalb des direkten Machtbereiches der Azteken immer auch eine militärische Option beinhalteten, als Vorbereitung für künftige Kriegszüge dienten und Spionageaufgaben erfüllten. So ist eine Unter-

100

scheidung zwischen Kriegszug und Handelsexpedition nicht immer möglich.

In eine andere Kategorie von Kämpfen gehören die Blumenkriege, also die ritualisierten Auseinandersetzungen mit unabhängigen Gebieten ohne Absicht auf Erweiterung der Einflußzonen. Sie wurden auf festgelegten Plätzen in den Grenzgebieten ausgetragen. In der Regierungszeit Ahuitzotls fanden diese Kämpfe regelmäßig mit einzelnen Mitgliedern einer Allianz aus Huexotzinco, Cholollan, Tlaxcallan und Tliliuhquitepec statt. Mindestens bei einer Gelegenheit (im Jahre 1499) endete ein solcher Blumenkrieg mit einer schweren Niederlage der Azteken, die auch mehreren Angehörigen der Herrscherdynastie von Tenochtitlan den Tod brachte, aber ansonsten folgenlos blieb.

In Tenochtitlan war das spektakulärste Ereignis während der Regierungszeit Ahuitzotls eine Flutkatastrophe. Anders als die vorangegangenen und durch den erwähnten Dammbau weitgehend ausgeschalteten Überschwemmungen soll diese ihre Ursache in dem Versuch gehabt haben, eine Quellzone am Südwestufer des Sees zu fassen und ihr Wasser über einen langen Aquädukt nach Tenochtitlan hineinzuführen. Der übermäßige Schwall des Wassers habe die Überschwemmungen verursacht, und diese seien erst nach Zerstörung und Aufgabe der bereits vollendeten Wasserleitung zurückgegangen. Die Stadt Tenochtitlan wurde durch die Überschwemmung zu einem beträchtlichen Teil zerstört. Beim Wiederaufbau erstand sie in der Form, wie sie die Beschreibungen der Spanier bei der Eroberung ein Vierteljahrhundert später schildern. Ahuitzotl selbst soll während der Überschwemmungskatastrophe eine schwere Kopfverletzung erlitten haben, an der er wenige Jahre später starb.

4. Die Ruhe vor dem Sturm – Motecuzoma II.

Ahuitzotls Nachfolger wurde Motecuzoma, der zweite dieses Namens und von den Azteken mit dem Beinamen Xoyocotzin, der jüngere, unterschieden. Motecuzoma trat sein Amt 1502 an und herrschte bis in die Zeit der spanischen Eroberung. Mit Motecuzoma II. kam nach drei Brüdern die nächste Generation an die Herrschaft. In seiner Person wird die genealogische Verengung der Herrscherlinie offenbar: drei seiner Großeltern waren ihrerseits Kinder aztekischer Herrscher (siehe Genealogie S. 24).

Während seine Vorgänger für die militärische Operation vor der eigentlichen Thronbesteigung keinem erkennbaren größeren Konzept folgten, markiert bei Motecuzoma dieser erste Kriegszug schon die Richtung seiner dominierenden militärischen Aktivitäten. Während Ahuitzotl das unübersichtliche Bergland im Süden des modernen mexikanischen Bundesstaates Oaxaca nur auf wichtigen Durchgangsrouten durchquert hatte, widmete sich Motecuzoma einer in die Breite gehenden Eroberung. Der erste Zug führte nach Nopallan (Nopala) nahe der Pazifikküste und lieferte die für die Krönungszeremonien erforderlichen Opfergefangenen. Während ungefähr zehn Jahren setzte Motecuzoma die Eroberungstaktik der kleinen Schritte in die Fläche des südlichen Oaxaca fort. Dies waren zumeist keine einfachen Operationen, und Motecuzoma leitete sie persönlich. Die Orte waren dort meist befestigt auf Bergspitzen angelegt, so daß die Eroberungen beträchtlichen technischen Aufwand erforderten. Allerdings waren nicht alle Belagerungen tatsächlich erfolgreich: die mixtekische Herrschaft Tototepec an der Pazifikküste konnte genausowenig wie Yopitzinco, das Land der kämpferischen Yopi im modernen Guerrero, unterworfen werden. Die meist nur kleinen Taloasen, die zu den angegriffenen Orten gehörten, können kein landwirtschaftliches Potential gebildet haben, aus dem attraktive Tributlieferungen zu gewinnen waren. Ziel der Operationen scheint eher gewesen zu sein, die schon früher eroberten Durchgangswege und vor allem das große und produktive Tal von Oaxaca stärker abzusichern. Ein weiterer Grund mag gewesen sein, militärische Kraft und die Entschlossenheit, sie einzusetzen, zu demonstrieren, denn dies war erforderlich, um die bereits eroberten

Gebiete in dauerhafter Abhängigkeit zu halten und Rebellionsversuchen vorzubeugen.

Der zweite Schwerpunkt der kriegerischen Aktivitäten Motecuzomas war die vollständige Einschließung der unabhängigen Staatenallianz von Tlaxcallan und seiner Nachbarstaaten durch Umfassungs- oder Zangenbewegungen an der Golfküste und am zerklüfteten Abfall der östlichen Kordilliere. Als Ergebnis dieser Operationen war vermutlich weniger die Unterwerfung kleiner und kleinster Herrschaften von Bedeutung, sondern eine offenbar recht wirksame Abschließung Tlaxcallans und seiner Verbündeten von allen Handelsverbindungen, so daß Salz und Baumwolle zur Mangelware wurden. Dies muß besonders in dem Handelszentrum Chololian schwere Folgen gehabt haben. Auf der anderen Seite vermochten die Azteken auch bestehende Spannungen abzubauen: So wurden Tlatelolco nach seiner Teilnahme an erfolgreichen Militäraktionen die seit der Eroberung auferlegten Tribute erlassen. Ein noch deutlicheres Zeichen war, daß dort 1519 die Herrschaft der Militärgouverneure beendet wurde und Ahuitzotls Sohn Cuauhtemoc den Thron von Tlatelolco bestieg.

Innenpolitisch wird Motecuzoma eine bewußte Verschärfung der Kluft zwischen Adel und Volk zugeschrieben. Die Entfernung der Nicht-Adligen aus dem Staatsdienst und dem unmittelbaren Umkreis des Herrschers sollte wohl in erster Linie dem personell stark angewachsenen Adel ein konkurrenzloses Betätigungsfeld gegenüber den durch ihre Erfolge in den zahlreichen Kriegen „geadelten" Männern sichern. Die starke Einschränkung der nicht mehr erwünschten sozialen Mobilität war die Folge. Diese Trennung war auch Gegenstand des Vertrages gewesen, den der Adel vor der Befreiung von der tepanekischen Oberhoheit mit dem Volk geschlossen haben soll (S. 84) und der eine historisch verkleidete Erfindung aus dem Umkreis Motecuzomas sein dürfte, denn er wird nur in einer dieser Familie sehr nahestehenden Tradition mitgeteilt.

Während der Regierungszeit Motecuzomas II. starb im Jahre 1515 Nezahualpilli, der Sohn und seit 1472 beinahe noch als Kind Nachfolger des Nezahualcoyotl von Tetzcoco. Seine Bedeutung liegt wie die seines Vaters vor allem auf zivilem Gebiet; auch wenn er in jungen Jahren an Feldzügen an die Golfküste und in die traditionellen Einflußgebiete Tetzcocos teilgenommen hatte, zog er es in späteren Jahren vor, sich an Kriegen der Azteken nicht zu beteiligen. Damit blieb, da sich der letzte Herrscher von Tlacopan, Totoquihuaztli, ähnlich verhielt, die äußerste Ausdehnung des aztekischen Reiches eine ausschließlich aztekische Angelegenheit. Tetzcoco (und noch mehr Tlacopan) verloren dann auch immer mehr ihren Status als gleichberechtigte Partner, wenngleich sie ihre Selbständigkeit bewahrten. Nezahualpilli wird in den Quellen sehr ambivalent geschildert: als Dichter und kunstsinniger Baumeister einerseits, als gerechter und unerbittlicher, zu unverhüllter Brutalität selbst innerhalb seiner Familie neigender Herrscher und oberster Richter andererseits. Er war ein rational dominierter Mensch, der es verstand, seine Überlegungen in die Gestalt von Weissagungen zu kleiden, da er so für sie leichter Gehör fand.

Das Verhältnis zu Tenochtitlan war nicht konfliktfrei. Tetzcoco mußte Tenochtitlan immer stärker die Führung überlassen und sogar in selbst eroberten Gebieten Rechte an Tenochtitlan abtreten. Dies wird bei der Nachfolgeregelung nach Nezahualpillis Tod deutlich: Da er es unterlassen hatte, eindeutig einen Nachfolger zu bezeichnen, konnte Motecuzoma auf die Wahl entscheidenden Einfluß nehmen. Zum neuen Herrscher wurde auf sein Drängen Cacama, der Sohn seiner Schwester und einer der drei legitimen männlichen Nachkommen, bestimmt. Der offenbar übergangene Sohn, Ixtlilxochitl, unternahm eine weitgehend wirkungslose Rebellion. In der Folge wurde zwischen ihm und seinen Brüdern Cacama und Cohuanacoch – welcher die Situation zu seinem Vorteil nutzte – die Herrschaft Acolhua'can aufgeteilt. Ixtlilxochitl schlug sich später kurzsichtigerweise auf die Seite der Spanier, um mit deren Hilfe die ganze Herrschaft wiederzuerlangen.

Vielleicht bahnte sich unter Motecuzoma II. auch noch im Hinblick auf die nahegelegenen unabhängigen Enklaven eine grundlegende Wende der staatlichen Politik an. Die Möglichkeit hierzu hatte eine Schwächung der in ihrer Gegnerschaft zu den Azteken verbundenen „Hausfeinde" Cholollan, Tlaxcallan und Huexotzinco sowie weiterer kleinerer Herrschaften geschaffen. Lange zurückreichende Rivalitäten zwischen Tlaxcallan und Huexotzinco hatten sich in einem Krieg entladen, in dem Tlaxcallan einen Teil von Huexotzinco eroberte und seinen Hauptort verwüstete. Der Herrscher von Huexotzinco, Tecayehuatl, floh mit einer größeren Zahl Adliger nach Tenochtitlan, das ihnen Beistand anbot und Truppen des Dreibundes in Huexotzinco stationierte, die sich dort verlustreiche Schlachten mit den Tlaxcalteken lieferten. Vermutlich war die Parteinahme nur halbherzig; die Leute aus Huexotzinco scheinen in Tenochtitlan jedenfalls nicht gerne gesehene Gäste gewesen zu sein, denn um 1517 kehrten sie wieder in ihre Heimat zurück und schlossen sich wieder der anti-aztekischen Allianz an.

Spätestens ab 1518 müssen die Azteken von Spaniern erfahren haben, die die Küste betraten und sogar einen Mann für ein Jahr dort zurückließen. Doch davon melden die Quellen nichts. Vielmehr sind in ihren Schilderungen die letzten Jahre vor der Ankunft der Spanier überschattet von einer großen Anzahl furchteinflößender Vorzeichen nahenden Unheils. Diese im nachhinein entstandenen unheimlichen Geschichten sind weniger das Ergebnis eines vielleicht unbewußten dramaturgischen Moments in der historischen Schilderung, sondern eher der vermutlich gleichermaßen unbewußte Versuch, das unerklärliche Schicksal als zwangsläufig und unausweichlich zu verstehen, als Unheil, das sich schon lange aufgebaut hatte, dessen Anzeichen die Zeitgenossen aber nicht zu deuten in der Lage waren.

VI. Unvorstellbare Wirklichkeit – Die Conquista

Nach den ersten Reisen des Christoph Columbus (Cristobal Colón) hatte sich eine schnell wachsende spanische Bevölkerung auf den größten der karibischen Inseln niedergelassen, auf Haiti (Hispaniola) und Cuba, wo die bedenkenlose Ausbeutung der einheimischen Bevölkerung schnell zu deren Auslöschung führte. Spanische Expeditionen, wesentlich mit dem Ziel des Sklavenfanges unternommen, erkundeten die Küste des Festlandes zunächst im Norden Südamerikas und an der südlichen Landbrücke. Das Gebiet der mittelamerikanischen Hochkulturen berührte zuerst (1513) in Yucatán Juan Ponce de León auf der Rückkehr von Florida, während 1517 Francisco Hernández de Córdoba von Cozumel aus Yucatán umfuhr und erste, meist kriegerische Kontakte mit den Maya-Indianern hatte. Ihm folgte ein Jahr später Juan de Grijalba auf derselben Route, der dann aber weiter den Golf von Mexiko entlang nach Norden vorstieß. Gemäß den Instruktionen bemühte er sich darum, friedlich Gold einzutauschen. Der Erfolg war gering, aber, so erfuhr er, im Inland gebe es ein reiches Land mit viel Gold, und immer wieder fielen die Namen „Mexico" und „Ulúa", wohl für Colhua'. Das nach Cuba gebrachte Gold und die vielversprechenden Berichte waren Anlaß einer neuerlichen Expedition, zu deren Leiter Diego Velázquez, Stellvertreter des Almirante Diego Colón, schließlich den 34jährigen Hernán Cortés berief. Cortés, der nach abgebrochenem Jura-Studium mit 19 Jahren nach Hispaniola gekommen war, war durch Heirat mit Velázquez verwandt und hatte schnell beträchtliches Vermögen erworben, so daß er zwei Drittel der Expeditionskosten selbst tragen konnte. Die Instruktionen sahen auch diesmal nur friedlichen Tauschhandel vor.

1. Die Eroberung Mexikos durch Cortés

Der Aufbruch der Expedition des Cortés, noch mit dem Ziel Yucatán, erfolgte im Januar 1519 mit elf meist kleineren

Schiffen und etwas über 500 Soldaten, 14 Geschützen und 16 Pferden. Auf Cozumel gelang es, einen der Schiffbrüchigen, die acht Jahre zuvor dorthin verschlagen worden waren, nämlich den Laienbruder Jerónimo de Aguilar, an Bord zu nehmen, dessen in dieser Zeit erworbene Beherrschung der Maya-Sprache von entscheidender Bedeutung sein sollte. Denn durch ihn konnte sich Cortés mit der Indianerin Malintzin (Marina) verständigen, die von Hause aus Aztekisch sprach, aber dann in Tabasco, wo sie Cortés zum Geschenk gemacht worden war, die Mayasprache erlernt hatte. Der Soldat Bernal Díaz del Castillo, der in hohem Alter einen Bericht über seine Erlebnisse auf dem Eroberungszug schrieb, betont, „ohne sie hätten wir die mexikanische Sprache nicht verstanden", und „vieles haben wir unter Gottes Beistand nur mit ihrer Hilfe verwirklichen können".

Am Karfreitag des Jahres 1519 kam die kleine Flotte an der Stelle des heutigen Veracruz an. Ihre Fahrt entlang der Küste war ebenso wie die des Grijalba im Jahr zuvor nicht unbemerkt geblieben – zumal ein Mitglied der Expedition des Grijalba an der Küste zurückgeblieben war und sich ein Jahr später Cortés anschloß. Spätere indianische Berichte sprechen ausdrücklich von detaillierten Meldungen von Spähern an den aztekischen Herrscher. In den folgenden Tagen fiel vermutlich die Entscheidung, die Eroberung des Festlandes zu wagen. Cortés und sein kleines Expeditionsheer müssen sich durch eigene Anschauung, durch wiederholte Unterhaltungen mit Indianern, sowohl Abgesandten des aztekischen Herrschers als auch mit den indianischen Kaziken (karibisches Wort für lokale Herrscher) der Küste und schließlich durch einen kleinen Vorstoß ins Landesinnere darüber klar geworden sein, daß sie an der Schwelle eines großen Reiches standen, das sich völlig von den ihnen bislang bekanntgewordenen Häuptlingstümern auf den Inseln und der südlichen Landbrücke unterschied. Allerdings war eine Eroberung durch den Auftrag des Velázquez nicht abgedeckt.

Cortés' Vorgehen, mit dem er zunächst die Einschränkung seines Auftrages überwinden mußte, zeugt von hervorragen-

4. Eroberung von Mexiko
— Zug Cortés nach Tenochtitlan 1519
--- Rückweg Cortés bei Landung von Narváez 1519
-·-·- Rückzug nach „Noche Triste" 1520
······ Kleinere Expeditionen 1520
– – Transportweg der Brigantinen 1521

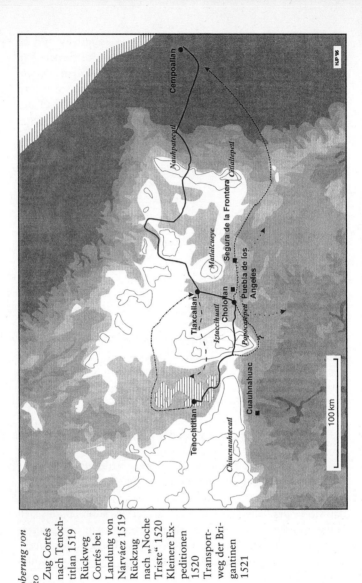

108

dem diplomatischem Geschick: Zunächst nahm er das Land formell für den spanischen König in Besitz, dann gründete er eine Stadt und ernannte einen Stadtrat, wobei er sich wohl auf eine Generalvollmacht in seinen Instruktionen stützte. Mit dem Stadtrat war eine nur dem König verantwortliche Institution geschaffen, so daß Cortés nun seine bisherigen Ämter und Vollmachten in die Hände der Ratsherren legen konnte. Von ihnen wurde er dann mit den höchsten militärischen und zivilen Ämtern betraut, wodurch er von den Instanzen auf den Antillen unabhängig wurde und unmittelbar dem König unterstand. Ein direkt nach Spanien entsandtes Schiff sollte die nun noch nötige Bestätigung des Königs einholen, was sich schwierig gestaltete, da in Spanien die Gegenpartei wichtigen Einfluß hatte und der junge Kaiser Karl V. sich damals weit entfernt in Flandern aufhielt. Die Bestätigung erfolgte schließlich im Oktober 1522.

Mit diesem vorläufigen Rechtstitel sah sich Cortés in der Lage, seinen Eroberungszug zu beginnen. Nach der zu diesem Moment sicherlich nur formalen Gründung der Stadt Villa Rica de la Vera Cruz zog das kleine Expeditionsheer nach Cempoallan etwas weiter nördlich, wohin sie der Kazike der Totonaken eingeladen hatte. Cortés hatte längst in den unübersehbaren Spannungen zwischen den lokalen Herrschern und dem aztekischen Oberherrscher die Chance für eine erfolgreiche Doppelstrategie erkannt. Zunächst überredete er den Totonakenfürsten, eine Reihe zufällig anwesender, sich überheblich gebärdender aztekischer Tributeinnehmer gefangenzunehmen, dann verhalf er einigen von ihnen zur Flucht, damit sie eine Botschaft an den Herrscher Motecuzoma überbringen sollten, als dessen Freund und künftigen Alliierten er sich darstellte. Zugleich wirkte Cortés aber darauf hin, daß die Totonaken den Azteken die Gefolgschaft aufkündigten, wobei er ihnen Waffenhilfe und alle Unterstützung versprach. So gelang es, viele indianischen Gruppen, die in Opposition zu den Azteken standen, zu einem Bündnis zusammenzufassen, durch das die Spanier bald über indianische Hilfstruppen von angeblich 100000 Mann verfügten.

In den Fürstentümern der Totonaken baute Cortés die Ausgangsbasis seines Zuges in das Landesinnere aus. Gegenüber den Indianern gelang es, besonders auch durch die folgenlos gebliebene Zerstörung vieler Heiligtümer, das Bewußtsein zu festigen, daß die Spanier unüberwindbar seien (daß sie als Götter angesehen wurden, ist aber eher eine später entstandene Überinterpretation). In den sich hinziehenden Verhandlungen mit Motecuzoma durch zahlreiche Delegationen verfolgten beide Seiten konträre Ziele: Cortés suchte den aztekischen Herrscher von seinen freundschaftlichen Absichten zu überzeugen und drängte darauf, die aztekische Hauptstadt zu besuchen, während Motecuzoma dies mit allen Argumenten zu verhindern suchte. Bei den spanischen Angehörigen seines Expeditionsheeres stellte Cortés durch drakonische Strafen die gelockerte Disziplin wieder her und verhinderte durch die Demolierung der Schiffe jegliche Fahnenflucht oder Kontaktaufnahme mit Cuba.

Das spanische Heer brach im August 1519 von Villa Rica auf, sein Weg führte über einen 2800 Meter hohen Paß zwischen den Vulkanen Citlaltepetl (Pico de Orizaba) und Nauhpatecatl (Cofre de Perote) auf das steppenartige Hochland und durch aztekisches Territorium weiter in die Bergregion nördlich von Tlaxcallan (Tlaxcala) (siehe Karte 4). Das weitere Vordringen nach Tlaxcallan wurde durch schwere Kämpfe behindert, aber schließlich setzte sich die den Spaniern günstig gesonnene Partei um den Herrscher des Gebietes von Ocotelolco, Maxixcatzin, durch, und Tlaxcallan wurde zum wichtigsten und verläßlichen Bundesgenossen der Spanier. Der Grund für diese Parteinahme ist sicherlich in der von seinen Anführern immer wieder den Spaniern gegenüber hervorgekehrten politischen, wirtschaftlichen und militärischen Isolation Tlaxcallans zu sehen, das auf allen Seiten von aztekischem Territorium umgeben war.

Nach mehrwöchigem Aufenthalt in Tlaxcallan war Cholollan am Fuß des Popocatepetl, merkantiles und religiöses Zentrum einer weiten Region, die nächste Station. Bald nach der Ankunft argwöhnten die Spanier einen geplanten Überfall,

dem sie mit einem Blutbad zuvorkamen. Statt sich von aztekischen Boten südlich um den Vulkan Popocatepetl führen zu
lassen, wo größere Truppen der Azteken stationiert waren,
blieben die Spanier im unabhängigen Gebiet von Huexotzinco
und zogen über den Paß zwischen den beiden Vulkanen ins
Becken von Mexiko, wo sie in der Provinz von Chalco, die
nach jahrzehntelangem Kampf von den Azteken unterworfen
worden war, als Befreier empfangen wurden.

Noch immer versuchte Motecuzoma, die Spanier von seiner
Stadt fernzuhalten und erklärte sich sogar bereit, ihnen künftig jeglichen Tribut zu bezahlen, wenn sie nicht nach Tenochtitlan kämen, was natürlich die Gier der Spanier nur
noch mehr entflammen mußte. Die Spanier rückten aber langsam und vorsichtig vor, denn besonders die Dammstraßen,
über die sie auf die mitten in dem großen See gelegene Hauptstadt zumarschierten, und die immer wieder von hölzernen
Brücken unterbrochen waren, müssen ihnen gezeigt haben,
daß sie sich auf ein riskantes militärisches Abenteuer eingelas-
sen hatten und sich geradewegs in eine mögliche Falle bega-
ben. Die große, von weither sichtbare prächtige Stadt erschien
andererseits als ein Ziel, für das auch ein hoher Preis gerecht-
fertigt sei. Am 8. November 1519 erreichten sie Tenochtitlan.

Motecuzoma kam den Spaniern zum Empfang an die
Stadtgrenze entgegen. Die Begrüßung war zeremoniell höflich,
aber distanziert, sicherlich auch, weil die noch immer nötige
doppelte Übersetzung durch Malinche und Aguilar die Ver-
ständigung erschwert haben muß. Schon allein deshalb muß
auch die Ansprache des Motecuzoma, die Cortés in seinem
Bericht unmittelbar nach seiner Ankunft in der Stadt folgen
läßt, mit Skepsis betrachtet werden. Nach Cortés soll Motecuzoma den spanischen König mit einem sagenhaften Ahn-
herrn der Azteken in Verbindung gebracht haben und
schließlich erklärt haben, „und deswegen sollt ihr gewiß sein,
daß wir euch gehorchen wollen und euch als unseren Herrn
annehmen in Vertretung des großen Herrschers von dem ihr
sprecht". Es ist naheliegend anzunehmen, daß es sich bei
dieser angeblichen Herrschaftsübergabe um eine geschickte

Erfindung des Cortés handelt, durch die ein Rechtstitel Karls V. auf das aztekische Reich konstruiert und Cortés selbst zugleich in die Schlüsselposition als Statthalter gebracht werden sollte. In den späteren Geschichtsquellen ist dies zu der Sage von einem frühen, bärtigen und weißhäutigen vergöttlichten Herrscher Quetzalcoatl in Mexiko ausgebaut worden, der nach Osten aufgebrochen war und versprochen hatte, wiederzukehren, und in dem Franziskaner wie Jerónimo de Mendieta Christus zu erkennen glaubten.

Ausdrücklich um sich der Person Motecuzomas zu versichern und dessen Handlungsfähigkeit zu beschneiden, nahm Cortés schon nach wenigen Tagen den aztekischen Herrscher gefangen und stellte ihn in dem den Spaniern überlassenen Quartier unter Hausarrest. Dadurch war die veränderte Machtkonstellation für alle erkennbar. Sie führte denn auch zusammen mit der allzugroßen Nachgiebigkeit des aztekischen Herrschers gegenüber den Spaniern zu seinem schleichenden Autoritätsverlust. Was diese schwer verständliche fatalistisch geprägte Haltung des Motecuzoma bewirkt haben mag, ist vielfach, aber ohne befriedigendes Ergebnis, diskutiert worden.

Die Spanier widmeten sich in den nächsten Monaten der Erkundung des Landes durch zahlreiche kleine Expeditionen, die auf Motecuzomas Befehl von hohen indianischen Würdenträgern begleitet wurden, so daß militärischer Schutz nicht erforderlich war. Ziele waren Goldminen und Hafenplätze. In der aztekischen Hauptstadt demonstrierten die Spanier ihre Überlegenheit auch auf religiösem Gebiet, indem sie die Götterstatuen aus den Tempeln entfernten und durch Kreuze und Marienbilder ersetzten, ohne daß die von den Indianern erwarteten übernatürlichen Strafen eintraten. Zugleich waren die Spanier auch an sofortigen Erträgen interessiert und veranlaßten Motecuzoma, den Jahrestribut zu ihren Gunsten ein zweites Mal einzuziehen – ein eigenartiger Widerspruch zu der allgemeinen Taktik, den von den Azteken Abhängigen Schutz vor den als übermäßig empfundenen Tributforderungen zu versprechen. Motecuzoma lieferte den Spaniern auch

112

sein Schatzhaus aus, so daß schließlich Gold im Wert von 600 000 Pesos zusammen kam, von dem allerdings der einfache spanische Soldat, der in der Erwartung großer Beute sein Leben riskiert hatte, nur je 100 Pesos erhielt.

Je länger der Aufenthalt der Spanier in Tenochtitlan dauerte, um so deutlicher wurde die Zurückhaltung der Indianer; selbst Motecuzoma gab seine fügsame Haltung auf und begann, den Spaniern mit Krieg zu drohen, wenn sie nicht wieder abzögen. In dieser Situation traf im April 1520 ein von Velázquez ausgesandtes Expeditionsheer unter Pánfilo de Narváez an der Küste ein, mit dem Motecuzoma heimlich Verabredungen gegen Cortés zu treffen versuchte. Durch mit Gold unterstützte Überredung und einen Überfall, in dem Narváez schwer verwundet und gefangen wurde, konnte Cortés, der zur Küste geeilt war (Karte 4), die Mannschaft auf seine Seite ziehen und seine Truppe um 1400 Mann verstärken. Zugleich war allerdings in Tenochtitlan die zurückgelassene kleine spanische Garnison von Indianern eingeschlossen und belagert worden, nachdem der Befehlshaber Pedro de Alvarado ein indianisches Fest zu einem Massaker am aztekischen Adel genutzt hatte.

Die zurückkehrenden Spanier fanden Tenochtitlan völlig verändert vor: das Land schien verödet und menschenleer, so daß sich unter den Spaniern Angst ausbreitete. Die Feindseligkeit der Indianer hatte sich bereits lange angebahnt und war von hohen indianischen Würdenträgern gefördert worden. Manche von ihnen waren von Motecuzoma an die Spanier ausgeliefert und von diesen getötet worden. Die offenen Auseinandersetzungen zwischen Cortés und Narváez hatten bei den Indianern vielfältige Zweifel bestärkt. Vermutlich haben Indianer aus Cuba, die mit Narváez gekommen waren, den Azteken die Augen noch weiter über die Spanier geöffnet. Und nun war zudem mit zurückkehrenden Spaniern auch die Seuche angekommen: ein Schwarzer im Heer des Narváez hatte die Pocken eingeschleppt, an denen die Indianer, die im Gegensatz zu den Europäern nicht schon als Kinder Immunität erwerben konnten, zu Tausenden starben.

Die Spanier erhielten keine Nahrungsmittel oder Dienstleistungen mehr. Um von Motecuzoma die Wiederöffnung des Marktes von Tlatelolco zu erreichen, mußte Cortés einen hochrangigen Gefangenen freilassen. Dieser, ein Bruder Motecuzomas mit Namen Cuitlahuac, stellte sich sofort an die Spitze einer aztekischen Streitmacht mit dem Ziel, die Spanier auszulöschen oder zu vertreiben. Als Motecuzoma nach langem Zögern auf Drängen Cortés' sein Volk beruhigen wollte, wurde er beschimpft, beschossen und leicht verletzt. Daß er dennoch bald starb, gab Anlaß zu Verdächtigungen.

Ein nächtlicher Ausbruch aus der Stadt Ende Juni 1520 glückte den belagerten Spaniern nur unter hohen eigenen Verlusten. Auch auf dem weiteren Rückweg nach Tlaxcallan wurden sie angegriffen und beinahe überwältigt. Erst in Tlaxcallan, wo sie freundliche Aufnahme fanden, waren sie sicher. Nur rund 450 Spanier haben den Ausbruch aus Tenochtitlan überlebt, viele davon waren verwundet, die meisten mutlos und wollten das Land so bald als möglich verlassen. Das ganze aztekische Reich befand sich jedoch im Aufruhr und Spanier, die im Land angetroffen wurden, kamen fast nie mit dem Leben davon.

Dies wäre wohl die letzte Gelegenheit gewesen, die Spanier zurückzuschlagen. Denn die Pocken verheerten das Land, dezimierten die Bevölkerung und verbreiteten Schrecken. Auch der neue aztekische Herrscher Cuitlahuac starb bald an der Seuche. Sein Nachfolger wurde ein Sohn Ahuitzotls, Cuauhtemoc. Die Azteken versuchten, allerdings vergeblich, Tlaxcallan und die Tarasken von Michhua'can (Michoacan) auf ihre Seite zu ziehen. Auf der anderen Seite hofften verschiedene Teile des Reiches, mit Hilfe der Spanier endlich die drückende Herrschaft abschütteln zu können und verhielten sich zurückhaltend. Ixtlilxochitl, der bei der Nachfolge übergangene Sohn des letzten Herrschers von Tetzcoco (s. S. 104), stellte sich offen auf die Seite der Spanier. Zugleich verstärkte sich deren Macht langsam durch einzelne Schiffe, die die Küste anliefen. Cortés gründete auf dem Verbindungsweg zur Küste die zweite Stadt, Segura de la Frontera, von wo er dem spanischen König seinen zweiten Bericht schickte, und unternahm kleinere Expeditionen nach Süden und Südosten. Die Grausamkeit, mit der er hierbei mit der Bevölkerung verfuhr, ist weder in seinem Bericht noch in denen der Zeitgenossen erwähnt, kam jedoch später bei einem Prozeß ans Tageslicht. Die militärischen Erfolge der Spanier bewogen immer mehr aztekische Provinzen, ihnen ihre Ergebenheit und Gefolgschaft zuzusichern.

Im Dezember 1520 brach das erholte und aufgefüllte spanische Heer wieder nach Tenochtitlan auf (Karte 4). Es führte, von indianischen Hilfstruppen über einen hohen Paß geschleppt, 13 zerlegte Segelschiffe (Brigantinen) mit, die in Tlaxcallan gebaut worden waren. Während die Schiffe zusammengesetzt wurden, wurden die zahlreichen kleinen Städte am Ufer des Sees von Mexiko erobert, und Tenochtitlan wurde so immer stärker von der Versorgung abgeschnitten. Den größten Anteil an den Kämpfen hatten nunmehr die indianischen Hilfstruppen der Spanier, die eine Stärke von 300 000 Mann erreicht haben sollen, während die Spanier nur 513 Mann aufzubieten hatten. Im April des folgenden Jahres begann die unmittelbare Einschließung der Inselstadt, wobei die Brigantinen besonders wirkungsvoll waren. Die eigentliche Eroberung war ein langwieriger Vorgang: um sicher zu gehen, wurde alles eroberte Terrain eingeebnet, die Häuser wurden zerstört und die Kanäle aufgefüllt. Mit der Gefangennahme von Cuauhtemoc und anderen Herrschern zerbrach nach 90tägigen erbitterten Kämpfen am 13. August 1521 im Tempelbezirk von Tlatelolco der letzte indianische Widerstand. Das aztekische Imperium war erloschen, das eroberte Land erhielt den verpflichtenden Namen Neuspanien (Nueva España).

2. Glücksritter und Despoten – Die Jahre nach der Conquista

Nach der Niederlage gestatteten die Spanier auf Bitten Cuauhtemocs den Abzug der Bewohner aus der völlig zerstörten Stadt, von der Bernal Díaz schrieb, sie sehe wie ein gepflügter Acker aus. Nach anfänglichem Zögern und gegen zahlreiche Widerstände entschloß sich Cortés, trotzdem dort die künftige Hauptstadt zu errichten. Die Zerstörungen ermöglichten, eine Stadt nach spanischem Muster zu planen, wobei Grundzüge der alten Stadt beibehalten wurden. Die Grundstücke im Zentrum, wo der Tempel stand, der nun schnellstens eingeebnet wurde, und die Paläste der aztekischen Herrscher verteilte er an seine Gefolgsleute, die im spanischen Stadtrat die wichtigen Ämter besetzten. Er selbst übernahm, wohl schon um die Kontinuität der Macht zu verdeutlichen, die Ruinen des Palastes Motecuzomas II. Solange der Aufbau andauerte, wohnten die Spanier in der am südlichen Seeufer gelegenen Stadt Coyohuacan.

Zum Aufbau der Stadt wurde eine gewaltige Menge indianischer Arbeitskräfte aus einer weiten Umgebung rekrutiert. Zuerst wurde die Wasserversorgung repariert, dann wurden die Kanäle und Straßen wieder passierbar gemacht. Schon nach zwei Monaten durften sich die ersten Indianer wieder auf der Insel im Umkreis der spanischen Stadt niederlassen. Bald wohnten wieder an die 100 000 Indianer in den völlig regellos errichteten Vorstädten, vor allem in der Schwesterstadt Tlatelolco, während die im Zentrum gelegene spanische Stadt nur wenige hundert Einwohner hatte.

Die Lage auf der Insel schützte die Stadt zwar gegen Angriffe von außen – auch keine andere Stadt im Binnenland von Neuspanien erhielt jemals eine Befestigungsmauer –, aber die große Menge der Indianer in unmittelbarer Nähe erschien den wenigen Spaniern doch eine Bedrohung, der sie durch die Errichtung festungsartiger Häuser und später durch ein unbebautes Glacis zu begegnen suchten, während auf dem Land die neu errichteten Kirchen wie Festungen gebaut wurden. Allerdings kam es im zentralen Mexiko nie zu einem indianischen Aufstand.

Zumindest in der frühen Kolonialzeit existierten keine rassistischen Schranken zwischen Spaniern und Indianern. Wie der Eroberer Cortés, der Kinder unter anderem mit drei Frauen aus hochrangigem indianischem Adel hatte und diese nicht benachteiligte, verheirateten sich viele Spanier mit adligen und wohlhabenden Töchtern des Landes, wohl nicht allein des attraktiven Erbes wegen. So entstand von Anfang an eine breite Schicht von Mestizen.

Es ist erstaunlich, daß Cortés, obwohl er die indianische Kultur und Ordnung zerstört hatte und Indianer foltern und töten ließ, von diesen in einzigartiger Weise respektiert und verehrt wurde. Ob er ein paar Jahre nach der Eroberung tatsächlich eine Verschwörung vorbereitete, um sich zum König Mexikos zu erklären, ist nicht restlos bewiesen. Die Indianer jedenfalls hätten ihn ohne Zögern unterstützt.

Cortés konnte sich dem friedlichen Aufbau von Mexiko und seinen zahlreichen wirtschaftlichen Unternehmungen in den attraktiven Teilen des Landes nicht ungestört widmen. 1524 mußte er über Land nach Honduras ziehen, wo eine von ihm entsandte Expedition rebelliert hatte. Ein vermutetes Komplott war Anlaß, Cuauhtemoc und andere indianische Fürsten, die Cortés sicherheitshalber auf der Expedition mit sich führte, hängen zu lassen. In der Hauptstadt waren während Cortés Abwesenheit die verschiedenen eingesetzten Vertreter in Streit geraten, und ein unvorstellbares Chaos war ausgebrochen. Auch als Cortés zurückkehrte, setzte sich das Hin und Her von Bestallungen, Absetzungen oder Tod von Amtsträgern fort, die ihr Amt nur nutzten, um sich und ihre Gefolgsleute auf Kosten der anderen zu bereichern. Um seine Position zu klären, reiste Cortés 1528 nach Spanien, wo er bald einen Adelstitel erhielt, mit dem Großteil der erbetenen Besitzungen belehnt und zum Oberbefehlshaber in Neuspanien ernannt wurde. Nur die zivile Regierung erhielt er nicht. Es hatte sich wohl am Hof die Erkenntnis durchgesetzt, daß die Conquistadoren nicht die richtigen Männer seien, um die eroberten Länder zu verwalten.

Zur Regierung Neuspaniens setzte der spanische König ein Kollegialorgan, die Audiencia, nach dem Vorbild von Valladolid ein. Es bestand aus vier hohen Beamten (Oidores) und einem Vorsitzenden, der später in Personalunion Vizekönig war. Die Audiencia war zugleich Zivil- und Strafgericht in erster und Berufungsinstanz, Kontrollorgan der Verwaltung und hatte Gesetzgebungskompetenz. Ihr sollte ein Berater-gremium aus Bischöfen, den Prioren der Bettelorden und weiteren Mönchen zur Seite stehen.

Bei der Auswahl der ersten Audiencia, die 1528 ihr Amt an-trat, hatte die spanische Krone keine glückliche Hand. Ihr gehörten Eroberer und mittlere Kronbeamte an. Sie begannen nicht nur eine Jagd auf alle Gefolgsleute des Cortés, enteigne-ten alle seine Güter, es setzte auch eine forcierte Ausbeutung der Indianer ein, die wohl von der Absicht diktiert war, in kürzester Zeit so viel Gold wie möglich zusammenzuraffen. In der Person des designierten Bischofs von Mexiko, Juan de Zumárraga, der auch das Amt des Protektors der Indianer innehatte, fand sich aber ein glühender Verteidiger der india-nischen Interessen, der schließlich gegen die Mitglieder der Audiencia zum Zwangsmittel der Exkommunikation griff. Die Audiencia wurde abgesetzt und eine neue, aus drei Juri-sten und zwei Bischöfen gebildet, die nach Neuspanien ge-sandt wurde und ab 1530 die Situation in normale Bahnen lenken konnte. Eine ihrer wichtigsten Aufgaben war es, eine Neuordnung der Encomienda durchzuführen, ein in allen amerikanischen Besitzungen umstrittenes Unterfangen.

3. Die neue Ordnung – Indianisches Leben in der Kolonie

Schon auf den karibischen Inseln war die Encomienda einge-richtet worden, um Teilnehmern der Eroberung und anderen Spaniern ein dauerhaftes Einkommen zu sichern. Sie beinhal-tete zunächst das vom König verliehene Recht, Tribut von der eingeborenen Bevölkerung zu fordern und sie zu Arbeitslei-stungen heranzuziehen. Im Gegenzug sollte der Encomendero für das Wohlergehen seiner Untergebenen sorgen und sie in spanischer christlicher Lebensweise unterrichten. Da die In-haber der Encomienden nur an der Ausbeutung der indiani-schen Arbeitskraft interessiert waren, ihren Verpflichtungen aber so gut wie nicht nachkamen, wurden die Antillen innerhalb weniger Jahre weitgehend entvölkert. Auf Betreiben Bartolomé de las Casas begann man in Spanien umzudenken. Sobald der König Näheres von der Eroberung Mexikos erfahren hatte, untersagte er Cortés in einer sehr ausführlichen Instruktion von 1523, dort Encomienden zu vergeben. Da dies aber längst in großem Umfang geschehen war, verweigerte Cortés die Erfüllung der Anordnung. Seine Argumente waren durchaus zutreffend: ohne indianische Dienstleistung müßten sich die Spanier zurückziehen, und das eroberte Land ginge verloren, auch seien die Indianer vor der Eroberung durch die Spanier keineswegs frei gewesen, sondern von ihren Herren sogar noch stärker geknechtet worden. Jedenfalls wollte Cortés die Encomienda so handhaben, daß die Mißbräuche und Auswüchse der Antillen vermieden würden, was er in seinen Anordnungen auch zum Ausdruck brachte. Dem kam die grundsätzliche Rechtskonstruktion durchaus entgegen: Die Encomienda war unveräußerlich und grundsätzlich unvererblich, sie beinhaltete weder Eigentumsrecht an Land noch an den Indianern, die als grundsätzlich frei betrachtet wurden, und keine Gerichtsbarkeit.

Die andauernden Wirren seit dem Zug des Cortés nach Honduras bis zur Ankunft der Zweiten Audiencia machten alle guten Vorsätze zunichte. Den Indianern wurden willkürliche Abgaben in nicht zu bewältigendem Ausmaß auferlegt, sie wurden in unerträglicher Weise zu Arbeitsleistungen für die wechselnden Encomenderos und Staatsbeamten, aber auch für den Bau von Kirchen und Klöstern herangezogen. Viele Indianer wurden unter Einsatz allerlei Tricks zu Sklaven gemacht, denn nur diese konnten in die Erzgruben geschickt werden. Auch als Lastträger kamen viele ums Leben. Weitere schwere Epidemien und große Verluste bei Eroberungszügen, an denen indianische Hilfstruppen teilnahmen, sind Ursachen für einen rapiden Rückgang der Bevölkerung, für ihre zunehmende Verzweiflung.

Erst ab 1532, unter dem Audiencia-Präsidenten Bischof Fuenleal, besserte sich die Situation der Indianer allmählich. Die Überwachung der Encomienden wurde verstärkt, außerdem wurden sie langsam zugunsten eines neuen Systems zu-

119

rückgedrängt: des Corregimiento. In ihm war ein kleines Gebiet unmittelbar dem König unterstellt. Es wurde durch einen aus den Tributeinkünften bezahlten spanischen Kronbeamten (Corregidor) verwaltet und war mit einer begrenzten Selbstverwaltung unter traditionellen lokalen Herrschern und Adligen ausgestattet. Die Höhe aller Tribute wurde durch Kommissionen der Audiencia festgelegt, die die Zahlungen in vorspanischer Zeit als Richtschnur nahmen und die Summen in kurzen Abständen an die weiter abnehmende Bevölkerungszahl anpaßten. Der unübersichtliche Tribut in Warenlieferung, der in vorspanischer Zeit üblich gewesen war, wurde auf wenige Produkte eingeschränkt und später in eine in Geld zu zahlende Kopfsteuer (pro Familie) umgewandelt. Die Corregidores waren für die Ablieferung der vorgeschriebenen Tributsumme verantwortlich, durften sie aber nicht selbst einheben, um keine Gelegenheit für Betrügereien zu geben.

In den indianischen Kleinstädten (Cabeceras), die früher Sitze lokaler Herrscher (*tla'toani*) gewesen waren, blieb die lokale Verwaltung weiterhin fest in der Hand der angestammten Adelsfamilien. Sie stellten den nach spanischem Muster eingerichteten Stadtrat, aus dessen Mitte alljährlich die lokalen Amtsträger (Gobernador, Alcaldes, Regidores u. a.) gewählt wurden. Ihre Aufgaben waren begrenzt auf die Verwaltung auf lokaler Ebene und umfaßten als wichtigstes die Abordnung von Arbeitskräften im Rahmen des Repartimiento und vor allem die Einhebung und Ablieferung des Tributes. In beiden Bereichen war die Kontrolle gering und Mißbrauch leicht möglich. Eine beliebte Form war, den Tribut mehrere Jahre im Voraus zu erheben und für sich selbst zu verwenden. Um den Rang als Cabecera gab es oft Auseinandersetzungen aus widerstreitenden Interessenslagen. In Orten bisher minderen Ranges (sujetos) suchten lokale Adlige mit Unterstützung interessierter Encomenderos den Status einer Cabecera zu erwerben, sich damit selbst aufzuwerten und der Bevormundung durch ihre bisherige Cabecera zu entgehen, wobei man sich auch auf Verhältnisse vor der aztekischen Eroberung berief. Andererseits strebten die Zentralorte des Dreibundes eine Restaurierung ihrer Macht- und Besitzverhältnisse in kolonialer Rechtsform an.

Die Indianer lernten bald, die kolonialen Instanzen zu nutzen, um sich gegen ungerechte Behandlung zur Wehr zu setzen und ihre Interessen zu vertreten. Bald klagte die Audiencia über eine Flut von Prozessen, die die Indianer angestrengt hatten. Die Indianer profitierten von der bei den spanischen Instanzen verbreiteten Unsicherheit über die angestammten Verhältnisse. So betonte man bei Streitfällen über den Status von Orten je nach Bedarf eine der unterschiedlichen Ebenen, auf denen sich Abhängigkeit in vorspanischer Zeit auswirkte, oder machte sich bei Auseinandersetzungen um Land die zahlreichen Formen indianischen Landbesitzes zunutze. Daß es vor allem für das Amtsland der Herrscher in der kolonialen Rechtsordnung keine Entsprechungen gab, machte es leicht, es in Privatbesitz zu überführen.

Die „Neuen Gesetze" von 1542 strebten eine präzisere Festlegung früherer Anordnungen an, sollten aber auch einige lang verzögerte Ziele durchsetzen. Die einschneidendste Bestimmung, die sofortige Beendigung jeglicher Encomienda-Vergabe, mußte allerdings auch diesmal wegen heftigster Proteste zurückgezogen werden. Die Zahl der Encomienden ging dennoch kontinuierlich zurück. (Die Zahl von 36 Encomienden im Becken von Mexiko war um 1535 auf 30, um 1570 auf 19 gesunken. Insgesamt gab es um 1560 in ganz Neuspanien rund 280 Encomienden.)

Andere Anordnungen, wie die Abschaffung der erzwungenen Arbeitsleistung der Indianer in der Encomienda, besonders in den Bergwerken, konnten verwirklicht werden, wenngleich nicht sofort. Vor allem zwei Gesichtspunkte wurden immer wieder vorgebracht, um den idealistischen Zielen der Krone Grenzen zu setzen: daß nur durch die (erzwungene) Arbeitsleistung die Kolonie zu erhalten sei und daß ohne sie die Indianer sich einem als sündhaft betrachteten Müßiggang hingeben würden, indem sie nicht mehr arbeiteten, als für ihren unmittelbaren Lebensunterhalt erforderlich wäre. Aber bei aller Nachgiebigkeit der kolonialen Instanzen wurde eine

Regel durchgesetzt: alle Arbeit war zu bezahlen. Dem wegen des Bevölkerungsrückganges immer spürbarer werdenden Mangel an Arbeitskräften begegnete man durch das Repartimiento. Auf vorspanischen Vorbildern aufbauend, wurden für Tätigkeiten von öffentlichem Interesse indianische Arbeitskräfte für eine bestimmte Zahl von Tagen herangezogen, danach gegen andere aus demselben Ort ausgetauscht. Auf diese Weise waren zunächst 1–2%, später bis zu 10% der Tributpflichtigen zur Arbeit eingesetzt. In der Stadt Mexiko wurden auch öffentliche Bauvorhaben wie Kirchen und Amtsgebäude in diesem System errichtet und instandgehalten. Die Verpflichtung beschränkte sich auf erwachsene Männer und nahm Adlige, Handwerker und abhängige Angehörige der unteren indianischen Schichten zunächst aus. War der Anlaß für die Einführung des Repartimiento, die schwere Überschwemmung des Sees von Mexiko im Jahre 1555, zweifellos eine Notlage, wurden auch später Bauarbeiten auf dieselbe Weise bewältigt und Arbeitskräfte für landwirtschaftliche Tätigkeit in spanischen Besitzen vergeben. Wegen fortgesetzten Mißbrauchs wurde das System 1601 dahingehend reformiert, daß sich die Indianer an bestimmten Plätzen einzufinden und zur Arbeit anzubieten hätten. Erst dank seiner abnehmenden Bedeutung konnte das Repartimiento ab 1633 gänzlich beseitigt werden. Dies galt allerdings nicht für die Wasserbaumaßnahmen, die wegen der wiederholten schweren Überschwemmungen immer wieder mit großem Menschenaufwand betrieben wurden. Am wichtigsten und aufwendigsten war die Ableitung des Sees von Mexiko nach dem Nordwesten, zunächst durch einen 6 Kilometer langen Tunnel, der bis zum Ende der Kolonialzeit immer wieder mit großem Aufwand ausgebaut und repariert werden mußte. Hier waren die Arbeitsbedingungen sogar schlechter als in den Bergwerken.

Die ganze Komplexität und Widersprüchlichkeit der kolonialen Verhältnisse wird bei der Beschränkung der Trägerdienste sichtbar: Lastträger waren, da Tragtiere fehlten, im vorspanischen Mexiko für sämtliche Transportleistungen herangezogen worden. Konsequenterweise durften indianische

Händler auch in der Kolonialzeit weiterhin ohne Einschränkungen Träger einsetzen. Spanier hingegen waren zur Einhaltung detaillierter Regeln (Lastgewicht, Entfernung, Bezahlung) verpflichtet, hatten aber in vielen Gebieten keine Alternative. Zu den wirksamen Verbesserungen der indianischen Situation gehörte auch, daß jegliche Sklaverei unter Indianern abgeschafft wurde, außer unter bestimmten Bedingungen bei Eroberungen und für die Teilnehmer von Revolten.

Andere Formen indianischer Arbeit entwickelten sich neu. Hierzu gehörte die Arbeit in den Tuchmanufakturen, zu der Gesetzesbrecher als Strafmaßnahme verurteilt wurden. Dort waren aber auch Indianer auf Kontraktbasis beschäftigt, die jedoch in der Praxis ebenfalls vielfach ihrer Freiheit beraubt waren. Im Gegensatz dazu waren die Lebensbedingungen der Kontraktarbeitskräfte auf den spanischen Landbesitzungen durchaus erträglich. Die durch Vorauszahlungen provozierte Verschuldung erreichte nicht die vielfach angenommene Bedeutung und schränkte die Freiheit der Indianer weniger als angenommen ein. Dadurch, daß diese Indianer dauerhaft auf den Hazienden arbeiteten und teilweise auch lebten, wurden sie aber dem Leben der indianischen Gemeinden entfremdet und waren den gemeinschaftlichen Verpflichtungen entzogen.

Der drastische Rückgang der indianischen Bevölkerung vom Moment der Eroberung bis zur ersten Hälfte des 17. Jahrhunderts auf schätzungsweise ein Zehntel ist das Ergebnis vieler Faktoren. In erster Linie haben die zahlreichen schweren Epidemien mit altweltlichen Krankheiten, gegen die die Indianer keine natürliche Immunität hatten, diesen Prozeß bestimmt. Obwohl das Heiratsalter von den Missionaren vor allem zur Vermeidung vorehelicher Beziehungen auf 12 Jahre vorverlegt wurde, gingen die Geburtenzahlen deutlich zurück, was von zeitgenössischen Beobachtern auf eine Verweigerungshaltung der Indianer zurückgeführt wurde. Da die indianische Arbeitskraft die wichtigste Ressource der spanischen Besitzungen darstellte, sind die Bestrebungen zum Schutz der Indianer schon in der spanischen Interessenslage begründet.

Frühzeitig kam es zu einer tiefgreifenden Umgestaltung des

indianischen Lebens. Die zum größten Teil verstreut über das Land auf ihren Feldern lebenden Indianer wurden in neu gegründeten oder an besser zugängliche Plätze verlegten Orten zusammengefaßt, wo Kirchen und Klöster errichtet wurden. Ziel war sowohl die Kontrolle wie eine wirksamere Missionierung. Diese Politik bewirkte zusammen mit dem Bevölkerungsrückgang eine Verlagerung der indianischen Anbaugebiete. Dadurch und durch den Bevölkerungsrückgang wurde viel Ackerland frei und konnte für Viehhaltung durch Spanier und bald auch für den Weizenanbau genutzt werden, der den Indianern aber bis heute fremd blieb. Die Landarbeit selbst zu leisten, waren die Spanier nicht gewillt (ein Versuch, in der 1531 gegründeten Stadt Puebla de los Angeles eine spanische Bauernsiedlung zu errichten, die mit geringer Zuteilung indianischer Arbeitskräfte auskommen sollte, scheiterte sofort).

Land, das nicht unmittelbar von Indianern genutzt wurde, verteilten die Vizekönige in großem Maß an spanische Interessenten. Sofern es sich nicht um völlig unbeanspruchtes Land handelte, bemühten sich die Spanier, zunächst den indianischen Vorbesitzern ihre Grundstücke abzukaufen, um Einsprüche zu vermeiden. Schutzbestimmungen, die Zwang und Übervorteilungen der Indianer verhindern sollten, wurden meist umgangen und blieben wirkungslos. Zumeist war nur der indianische Adel in der Lage, seinen Landbesitz auch nach der kolonialen Rechtsordnung einwandfrei abzusichern, obwohl formal jeder angestammte Besitz als vollgültiger Rechtstitel galt. Zahlreiche Verkaufsdokumente und Testamente machen deutlich, daß Bevölkerungsrückgang und Auflösung der alten Strukturen abhängiger Landbearbeiter große Flächen für indianische Eigentümer wertlos werden ließen, so daß sie am Verkauf ebenso interessiert waren wie die Spanier am Erwerb. Ein anderer beliebter Weg zum Landbesitz war für Spanier die Einheirat in indianische Adelsfamilien. Der indianische Landbesitz, der nicht Individualbesitz war, wurde durch die Ausbreitung der spanischen Besitzungen immer mehr eingeengt. Gesetze garantierten den Dörfern nur eine Mindestfläche, die zunächst von den letzten Häusern aus kalkuliert wurde, was bei den häufig sehr verstreuten Siedlungen zu unsinnigen Ergebnissen führen mußte. Die Reduzierung auf eine Berechnung vom Kreuz vor der Kirche aus umfaßte hingegen oftmals nur den dicht mit Häusern bebauten Teil des Ortes und ließ kaum noch Anbauflächen übrig. Eine weitere Beschneidung der indianischen Landnutzung erfolgte durch die großzügige Vergabe von Bewässerungswasser an die spanischen Besitzungen.

Der unendliche Strom von Vorschriften und Verboten, der Encomenderos wie Corregidores, Oidores der Audiencia und andere Amtsinhaber betraf, ist nicht nur Ergebnis einer adminstrativen Regelungssucht, sondern legt auch die ungezählten Übergriffe offen, die zumeist zum Nachteil der indianischen Bevölkerung ausfielen. Immer wieder brachten die Residencias, die vorgeschriebenen rigorosen Überprüfungen und öffentlichen Anhörungen eines Beamten am Ende jeder Amtsperiode, dieselben Mißbräuche ans Licht: Indianer waren zu unbezahlter Arbeit im Haus, auf den Feldern und bei den Viehherden der Amtsinhaber herangezogen worden, hatten beim Hausbau oder der Errichtung von Wirtschaftsbauten wie Mühlen und Speichern helfen, ohne Bezahlung Nahrungsmittel, Brennmaterial und andere Verbrauchsgüter liefern müssen, ihnen wurde Land, Vieh oder Bargeld weggenommen und dergleichen mehr. Amtsinhaber kauften bei Indianern zu besonders niedrigen Preisen Waren, besonders Ernteerträge, und zwangen sie, diese wie auch andere Waren später zu überhöhten Preisen wieder bei ihnen zu erwerben. Sie erhoben ungerechtfertigte Zahlungen, private Steuern und Gebühren für Amtshandlungen – letzteres war auch eine viel genutzte Einkommensquelle für die Geistlichkeit. Mestizen und Indianer, die in geeignete Machtpositionen gelangt waren, verhielten sich aber keineswegs anders. Und selbst bei der Residencia gab es zahlreiche Wege, wie persönliche Beziehungen, Betrug und Bestechung, die Anschuldigungen zu zerstreuen, eine Bestrafung zu vermeiden oder zu mildern. Sogar die Krone entwickelte für sich ein umfassendes öffentliches „Bestechungssystem". Durch fallweise Zahlungen an die königliche Kasse

125

INDIANISCHER ADEL

ließen sich tatsächliche oder vermeintliche Rechtsdefekte aller Art heilen (Composición). Alles dies entwickelte sich im Verlauf der Kolonialzeit mit deutlich steigender Tendenz.

Die Formen, in denen sich die indianische Bevölkerung an die kolonialen Gegebenheiten anzupassen versuchte und sich bemühte, diese zu ihrem Gunsten zu nutzen und zu verändern, lassen sich zumeist nur indirekt erkennen. Vor allem, wenn koloniale Institutionen von Indianern formell eingeschaltet wurden, werden indianische Interessenslagen und Strategien deutlicher sichtbar. Naheliegenderweise handelt es sich hierbei in erster Linie um Besitz, Einkünfte und Vorrechte des indianischen Adels.

Von seiten des indianischen Adels wurde immer wieder vergeblich versucht, eine bestimmte Personengruppe aus der Tributberechnung herauszuhalten. Nach kolonialer Terminologie handelt es sich um Landpächter (Terrazgueros), hinter denen eine vorspanische Form des Landbesitzes von abhängigen Bearbeitern zu sehen ist. Die Indianer argumentierten, daß diese Landpächter immer nur Landarbeit geleistet und einen Teil der erwirtschafteten Erträge an den adligen Landbesitzer abgeführt hätten, aber nie an der Aufbringung des Tributes an die Zentralinstanz beteiligt gewesen seien. Dies ist eine zutreffende und zugleich schiefe Sichtweise, denn obwohl sie nicht an der Erwirtschaftung des Tributes beteiligt waren, haben sie doch Abgaben direkt an spezielle Empfänger des Tributes geleistet und damit zum Gesamtertrag beigetragen.

Nur im Zentrum des Beckens von Mexiko existierte eine Sonderform des Tributes, die Lieferverpflichtung von Gütern und Material an die kolonialen Beamten. Obwohl der Wert der Lieferungen bezahlt wurde, war der Transport eine gewisse Tributleistung. Vom Tribut befreit waren der indianische Adel und die Mestizen, entstanden aus oft illegitimer Verbindung zwischen Spaniern und Indianerinnen. Auf der anderen Seite waren die Rechte der Mestizen im Vergleich zu denen der Indianer wie der Spanier merklich eingeschränkt.

Offensichtlich erst in der Kolonialzeit entwickelte sich der übermäßige und nicht mehr kulturell gesteuerte Alkoholkonsum zu einem schwerwiegenden Problem. Alle Gelegenheiten, im wesentlichen die kirchlichen Feste, wurden bereitwillig genutzt, um sich häufig bis zur Bewußtlosigkeit zu betrinken.

4. Millenarische Szenarien – Die Mission

Der Wunsch, ein neues Land zu entdecken und dort Reichtum zu gewinnen, war nicht das einzige Motiv für die Eroberung Amerikas. Alle, vom König bis zum einfachen Soldaten, waren von der heiligen Verpflichtung überzeugt, die Bewohner dieser Länder für das Christentum zu gewinnen. Entgegen den naiven Vorstellungen weltfremder Gelehrter reichte dazu keineswegs ein kurzer Vortrag in der für die Indianer unverständlichen spanischen Sprache, wie es in dem berühmt-berüchtigten Requerimiento (der von Juristen entworfenen Aufforderung zur friedlichen Unterwerfung und Annahme des Christentums) vor jeder Kriegshandlung zu geschehen hatte. Die Seelen der Indianer konnten nur behutsam gewonnen werden, wie es schon der den Eroberungszug des Cortés begleitende Geistliche gegenüber den aktionsfreudigen Soldaten vertrat, wenn es um die Zerstörung heidnischer Heiligtümer ging.

Die Indianer Zentralmexikos waren, beeindruckt von den Erfolgen der Spanier, die sie dem christlichen Gott zugeschrieben haben mögen, sehr schnell bereit, das Christentum anzunehmen. Noch vor der Eroberung Tenochtitlans, 1520, ließ sich der greise Herrscher von Tlaxcallan-Tizatlan, Xicotencatl taufen, dann kam es zu Massentaufen von Tausenden, deren Wert schnell sehr kritisch betrachtet wurde.

Der Beginn der eigentlichen Indianermission unter den Azteken ist durch die zwölf Franziskanermönche geprägt, die sicherlich zu den hervorragendsten Geistlichen des spanischen Reiches gehörten und im Jahre 1524 ihre Arbeit aufnahmen. Bewußt adaptierten die Mönche frühzeitig Elemente des vorspanischen Rituals wie Gesänge und Tänze für den christlichen Kult. Das Ergebnis war eine synkretistische Volksreligion, in der europäische und indianische Elemente verschmolzen oder verwoben wurden. Christus und die Jungfrau Maria behielten nur dort ihre herausgehobene Position, wo sie indianische Gottheiten ersetzen und deren Kultstätten übernehmen konnten, so die Erscheinung der Virgen de Guadalupe am früheren Heiligtum der Tonantzin in Tepeyac und die des Señor de Chalma anstelle des Oztoteotl, einer Manifestation des Tezcatlipoca. Ansonsten gingen sie im Heer der Heiligen auf, die nach ihrer wundertätigen Zuständigkeit mit indianischen Gottheiten in Verbindung gebracht wurden.

In welchem Umfang heidnische Praktiken weiter betrieben wurden, läßt sich nicht sicher abschätzen. Die bekanntgewordenen und von kirchlicher oder weltlicher Justiz verfolgten schwerwiegenden Fälle stellen sicherlich nur einen Bruchteil der Wirklichkeit dar. Die üblicherweise ausgesprochenen Strafen wie Auspeitschen und Einsperren ahndeten zumeist nur Nachlässigkeiten beim Besuch der sonntäglichen Messe und Verfehlungen im sexuellen Bereich, nachdem die Inquisition 1538 in Tetzcoco ein viel kritisiertes Exempel statuiert hatte.

Den Indianern gelang es offensichtlich, ihre heidnischen Vorstellungen und zum Teil auch Rituale heimlich oder unter christlicher Maskierung weiterzuführen. Dies zu entdecken, war wesentliches Ziel der Erforschung der heimischen Kultur, der sich einzelne Mönche mit wissenschaftlichen Methoden widmeten, allen voran der Franziskaner Bernardino de Sahagún. Mit dieser Absicht erarbeitete er sein immer wieder erweitertes und umgearbeitetes Hauptwerk, das schließlich 12 Bände umfaßte. Er befragte alte, kenntnisreiche Männer über die vorspanische Kultur und ließ die Ergebnisse von seinen aztekischen Schülern in Nahuatl aufzeichnen. Noch unmittelbarer mit der Missionstätigkeit verknüpft war die sprachwissenschaftliche Arbeit. Zahlreiche Mönche verfaßten Grammatiken über die Sprachen der Indianer, die sie auch vom Bau her vor völlig neue Probleme stellten. Wörterbücher und Übungstexte sowie Übersetzungen von Predigttexten wurden gedruckt (der früheste in aztekischer Sprache 1540), und an der 1551 gegründeten Universität von México wurde ein Lehrstuhl für aztekische Sprache eingerichtet. Ohne die gewaltigen wissenschaftlichen Anstrengungen der Mönche (und einiger weniger Laien) gäbe es heute nur einen Bruchteil des Wissens über die alten Kulturen. Diese Leistung fällt erheblich in die Waagschale, wenn man die durch die Mission unzweifelhaft verursachte kulturelle Zerstörung bewerten will.

Die frühen Mönche betrachteten Mission nicht nur als Vermittlung des Christentums, sondern bezogen auch die europäischen Bildungsvorstellungen der Zeit ein. Zu diesem Zweck wurde schon 1523 begonnen, den Klöstern Schulen vor allem für die Söhne des indianischen Adels anzugliedern, die dann eine wichtige Rolle bei der Verkündung der neuen Religion übernehmen und die Fähigkeit für Führungspositionen erwerben sollten. An dem Kolleg in Tlatelolco wurde sogar mit großem Erfolg Latein unterrichtet, so daß später Indianer dem König ihre Wünsche in dieser Sprache vortragen konnten. Zugleich erwiesen sich Schüler dieses Kollegs den oft schlecht ausgebildeten spanischen Geistlichen überlegen und waren in der Lage, christliche Glaubensgrundsätze kenntnisreich in Frage zu stellen. Dies dürfte dazu beigetragen haben, daß das Kolleg die anfängliche Unterstützung des Vizekönigs einbüßte und seine Bedeutung verlor. Eine besondere Schule in der Stadt Mexiko widmete sich der Ausbildung spezialisierter Handwerker. In die Schulen kam aber sicherlich nur ein kleiner Teil aller Kinder, vor allem Mädchen wurden nur selten und spärlich unterrichtet, wie übrigens auch bei den Spaniern.

Wegen zahlreicher Widerstände auf spanischer Seite und mangelnden Interesses auf der indianischen gelang es nicht, einen indianischen Klerus aufzubauen, von dem man sich zunächst eine wirkungsvollere Glaubensverbreitung erhofft hatte. In der Geistlichkeit und der weltlichen Verwaltung war man sich sehr wohl bewußt, daß die Missionsbemühungen erfolglos bleiben würden, solange die Indianer nicht in ihrem täglichen Leben mit dem Christentum in Berührung blieben. Das gute Beispiel der Spanier sollte, so hofften einige, die Indianer in der neuen Religion festigen, während andere fürchteten, daß zu viele der Eroberer und der später Angekommenen ein schlechtes Beispiel gäben und dadurch den Indianern gefährlich würden. Ausdruck dieses Widerstreites ist, daß immer wieder versucht wurde, die Indianer vor jedem Kontakt mit den Europäern – außer den Mönchen – zu bewahren oder mit ihnen völlig neue Wege christlicher Gemeinschaften zu gehen, zu denen beispielsweise die Utopia des Thomas Morus das Modell gab.

Die Bewertung der Missionsbemühungen ist durch die materiellen Belastungen überschattet, die sie für die Indianer brachten. Zunächst war es die umfangreiche Arbeitsleistung, die für die Errichtung und Instandhaltung der großen und unzähligen kleinen Kirchen und Klöster verlangt wurde, dann die Eintreibung des Zehnten (Diezmo) auf die Ernteerträge, um dessen Zulässigkeit ein jahrzehntelanger Kampf geführt wurde, bis er auf nicht-einheimische Produkte beschränkt wurde. Abgaben für die Kirche im Rahmen des regulären Tributes wurden zusätzlich erhoben, Gebühren für die Ausübung von Kulthandlungen wie Messen und Bestattung, Spendung der Sakramente wie Taufe, Beichte und Eheschließung oder zwangsweise zu leistende Almosen. Ausbeutung auf individueller und lokaler Basis durch Mönche und Weltpriester kam hinzu.

Nicht von Bedeutung für die Situation der Indianer ist der Besitz kirchlicher Institutionen, der sich im Laufe der Kolonialzeit gewaltig vermehrte. Sein Ursprung sind vor allem fromme Stiftungen von Spaniern, vereinzelt auch von reichen Indianern, aber auch Kauf oder Verleihung – die wegen entgegenstehender Gesetze über Strohmänner erfolgten. Die damit verbundenen wirtschaftlichen Interessen des Klerus und einzelner Orden entfernten sie jedoch immer mehr von ihrer Missionsaufgabe, als Eigentümer von Landgütern (Haciendas) standen sie zwangsläufig an der Seite der die Indianer durch Zwangsmaßnahmen und Übervorteilung schädigenden Spanier. Die Finanzmittel kirchlicher Institutionen kehrten jedoch in den Wirtschaftskreislauf zurück, da diese – als einzige – Kredite vergaben, die zeitlich unbegrenzt waren und zu einem unveränderlichen Satz von 5% pro Jahr verzinst wurden.

Im 17. Jahrhundert begannen die kirchlichen Bruderschaften (Cofradías) eine große Rolle im indianischen Leben vor allem der Städte zu spielen. Sie sorgten durch monatliche

Beiträge ihrer Mitglieder für die Bezahlung einer regelmäßigen Messe, für Feiern zu Kirchenfesten und für Begräbnisse. Und da eine Cofradía ihren Mitgliedern einen vollständigen Ablaß am Todestag zusichern konnte, wird sie von dem Historiker Charles Gibson als kirchliche Versicherung gegen die Qualen des Fegefeuers betrachtet. Er vermutet, daß die Cofradías an Bedeutung gewannen, als wegen des Bevölkerungsrückganges die Mittel für die erforderlichen kirchlichen Ausgaben von den indianischen Gemeindeverwaltungen nicht mehr allein bestritten werden konnten und daß die Cofradías eine Form der Gemeinschaft bildeten, die die politischen Kommunalorganisationen nicht mehr boten.

5. Ausblick

Mit dem Ende der Kolonialzeit (1821) ging die fürsorglich gemeinte Bevormundung, der rechtliche Sonderstatus der indianischen Bevölkerung, der ihr besondere Schutzrechte gegeben hatte, zu Ende. Gemäß den Idealen der Zeit sollten die Indianer ihr Leben künftig als freie, eigenverantwortliche und gleichberechtigte Bürger gestalten, wozu ihnen allerdings jegliche Voraussetzungen fehlten. Allein die Aufhebung des zwar immer mehr eingeschränkten, aber dennoch fortbestehenden Gemeinschaftsbesitzes der dörflichen Gemeinden an Land durch die mexikanische Verfassung von 1857, die eigentlich das Aufbrechen des gewaltigen Kirchenbesitzes und die Schaffung einer landbesitzenden Mittelschicht zum Ziel hatte, führte zum fast völligen Verlust indianischen Landbesitzes. Die Landbevölkerung ohne eigenen Landbesitz, die auf den Besitzungen einer dünnen Schicht von Grundbesitzern oft in Schuldabhängigkeit arbeitete und zum Teil auch lebte, nahm gewaltig zu. Ein Motor der mexikanischen Revolution von 1910 war folglich der Ruf nach Land und Befreiung. In den folgenden Jahrzehnten waren Bodenreform und Landverteilung allerdings nur teilweise erfolgreich. Die nach mißverstandenem alten Vorbild geschaffene Institution des Ejido, mit der ein individuelles, unveräußerliches und prinzipiell sogar unvererbliches Nutzungsrecht auf Kleinstparzellen von Kommunalland im Staatsbesitz und für gemeinschaftliche Nutzung von Wald und Weide geschaffen wurde, erwies sich in der Durchführung als wenig geeignet und wurde jüngst stark abgeändert.

Die Mission hat ein Nebeneinander von offizieller Kirche und Volksfrömmigkeit in stark unterschiedlichen Ausprägungen hinterlassen. Traditionelle Funktionen innerhalb der Gemeinde werden bis heute durch die Bruderschaften (Cofradías) wahrgenommen, denen insbesondere die Organisation von Festen ihres Heiligen obliegt, an denen die gesamte Gemeinde teilnimmt. Die Aufgaben innerhalb der örtlichen Kirchengemeinde sind einer großen Anzahl hierarchisch gestaffelter Laienämter übertragen, deren Amtsbezeichnungen der zivilen Administration der frühen Kolonialzeit entlehnt sind. Das Eindringen protestantischer Kirchen, die diesen Strukturen strikt ablehnend gegenüberstehen, führt zu schweren Spannungen in den indianischen Gemeinden.

Die kulturelle Identität der indianischen Gruppen wurde vom mexikanischen Staat trotz deklamatorischer Berufung auf die Azteken (unter Mißachtung aller anderen ethnischen Gruppen) nicht gepflegt. Die modernen Nachfahren der Azteken (nach der Volkszählung von 1980 sprachen 1,4 Millionen Menschen Nahuatl als erste Sprache) sind sich ihrer Geschichte aus eigenem nicht mehr bewußt. Die Schulpolitik zielt noch immer auf die Bildung einer einheitlichen Nationalkultur mit der Nationalsprache Spanisch ab, keine indianische Sprache wird offiziell anerkannt, auch wenn die mexikanische Verfassung inzwischen von einer multikulturellen Nation spricht. Medien in indianischen Sprachen fehlen so gut wie völlig. Die Schaffung oder Befestigung einer modernen indianischen Identität bleibt noch immer sektiererischen Gruppen überlassen, die ein ideologisch geprägtes Indianerbild als authentisch ausgeben. Jüngste internationale Anstrengungen, indianische Intellektuelle mit den wissenschaftlichen Erkenntnissen über ihre eigenen Kulturen zu versorgen und damit die Forschungsergebnisse „zurückzugeben", haben die Nachfahren der Azteken noch nicht erreicht.

Aussprache aztekischer Wörter

Von den Mönchen wurde im frühen 16. Jahrhundert eine allerdings nicht immer einheitliche Orthographie für das Nahuatl entwickelt, die es erlaubte, diese Sprache mit lateinischen Buchstaben zu schreiben. Hier wird die daraus entwickelte wissenschaftliche Orthographie mit leichten Modifikationen verwendet. Die Betonung ist immer auf der vorletzten Silbe.

Schreibregeln und Aussprache:

Vokale: a, e, i, o (die Vokale treten sowohl lang wie kurz auf, dadurch können Wörter in ihrer Bedeutung unterschieden werden; dies wird in der Schreibung nicht berücksichtigt); u ist kein Vokal, sondern meist: w.

Konsonanten wie im Deutschen, außer

c (vor a und o): k, sonst s (stimmlos)
ch: tsch
cu: kw (wie in Quelle)
hu (vor Vokal) und uh (nach Vokal): w
ll: l-l (nicht wie Spanisch ll: lj)
qu (nur vor e und i): k
tl: hart einsetzendes l, meist am Zungenrand gebildet, klingt am Wortanfang oft wie kl
tz: ts (stimmlos)
x: sch
y: j
z: s (stimmlos)
': Kehlkopfverschlußlaut nach Vokal (Deutsch nur vor Vokal: Ver'ein, zwei'ei'ig, 'abends)
Es wird also gesprochen: Mexi'ca': Meeschí'ka', Cuauhtemoc: Kwawtémok
Im Text werden aztekische Begriffe immer in der Einzahl angegeben, weil die Mehrzahlformen oft nur schwer die zugrundeliegende Einzahlform erkennen lassen (Mehrzahl von *tecutli*: *tetecutin*, von *tla'toani*: *tla'to'que'*).

Literaturverzeichnis

Das Literaturverzeichnis gliedert sich in zwei Abschnitte. Der erste enthält eine Übersicht über die wichtigsten Quellen zur vorspanischen Geschichte und ist als Ergänzung der Darstellung zu verstehen. Er soll durch die notwendigerweise nur kurze Kommentierung helfen, Quellen selbst einzusehen, um einen unmittelbaren Eindruck zu gewinnen. Hinderlich ist, daß die Quellen manchmal nur in Spezialbibliotheken zu finden und nur zum Teil in deutschen Übersetzungen zugänglich sind.

1. Geschichtsquellen

a) Bilderschriftliche Manuskripte ohne und mit parallelem Text
Für diese Bilderhandschriften existiert ein umfangreiches und sehr vollständiges Verzeichnis [Handbook of Middle American Indians, Bd. 14 u. 15: Guide to Ethnohistorical Sources, Austin/TX 1975]. Nur elf vorspanische Bilderhandschriften sind erhalten, von denen fünf, die alle aus dem nördlichen Teil des modernen Staates Oaxaca stammen, eine historische Thematik haben, die allerdings die Azteken nicht einbezieht. Die Art der Geschichtsdarstellung zeigen besonders eindrucksvoll der *Codex Zouche-Nuttall* [Graz 1987] und der *Codex Vindobonensis* [Graz 1963]. Sie behandeln die Genealogien der mixtekischen Herrscher vor allem aus Teozacoalco und Tilantongo von der mythischen bis in die historische Zeit [umfassende Analyse: Alfonso CASO, Reyes y reinos de la mixteca, 2 Bde. México 1977].

Die übrigen erhaltenen vorspanischen Bilderhandschriften haben hauptsächlich kalendarisch-augurischen Inhalt und können nur formal analysiert werden. Die Darstellungen komplexer Rituale bleiben mangels korrespondierender Informationen dunkel. Am wichtigsten ist der *Codex Borgia* [hrsg. von Karl A. Nowotny, Graz 1976]. Für alle verwandten Handschriften stellt ein eingehender Kommentar [Karl A. Nowotny, Tlacuilolli: die mexikanischen Bilderhandschriften, Berlin 1961] die inhaltlichen Strukturen heraus.

Die Mehrzahl der erhaltenen Bilderhandschriften wurde nach der Conquista niedergeschrieben, geht aber für die davor liegende Zeit auf heute verschollene Vorlagen zurück, wobei sie in ihrer Darstellungsweise durch europäische Vorbilder unterschiedlich stark beeinflußt sind. Sie haben oft unterschiedlich ausführliche Glossen oder erläuternde Texte in lateinischen Buchstaben. Von zentraler Bedeutung für die frühe Geschichte der Mexica und Wanderung ins Becken von Mexiko ist der *Codex Boturini* und seine von anonymen Indianern mit ausführlichem Text in aztekischer Sprache verfaßte Bearbeitung [Walter Lehmann, Gerdt Kutscher (Übers.), Geschichte der Azteken: Codex Aubin und verwandte Dokumente, Berlin 1981]. Im Format europäischer Bücher, mit ausführlichen Erläuterungen durch Europäer und starkem europäischen Stileinfluß sind weitere Manuskripte mit nur teilweise historischem Inhalt gehalten [*Codex Vaticanus*

3738 der Biblioteca Apostolica Vaticana, Graz 1979, *Codex Telleriano-Remensis*, hrsg. von Eliose Quiñones Keber; Austin/TX 1995].

Überaus wichtig ist der *Codex Mendoza* [hrsg. von Frances F. Berdan und Patricia Rieff Anawalt. 4 vols. Berkeley/CA 1992], der neben einer Auflistung der aztekischen Tributprovinzen und der von ihnen regelmäßigen abzuliefernden Waren einen kulturell-deskriptiven Teil sowie eine Auflistung der den einzelnen Herrschern zugeschriebenen Eroberungen enthält. Die bildlichen und hieroglyphischen Angaben sind ausführlich in spanischer Sprache kommentiert.

b) Indianische Quellen in Textform

Auf der Grundlage bilderschriftlicher Quellen und unter Einbeziehung mündlicher Traditionen wurden in Zentralmexiko schon früh teilweise umfangreiche Texte in Nahuatl unter Beibehaltung des annalistischen Aufbaus der Bilderhandschriften verfaßt. Ihre Angaben reichen meist auch über die Conquista bis zu ihrem Abfassungszeitpunkt und stellen die Geschehnisse der Kolonialzeit aus dem indianischen Blickwinkel dar. Zu den frühesten zählen die *Anales de Tlaltelolco*, in denen vor allem von der Schwesterstadt von Tenochtitlan die Rede ist [Ausgabe mit mangelhafter Übersetzung und Kommentar: Ernst Mengin, Unos annales históricos de la Nación mexicana, in: Baessler Archiv 22 (1939) 67–168 und 23 (1940) 115–39]. In der von 1558 bis nach 1570 entstandenen Sammelhandschrift *Anales de Cuauhtitlan* aus dem Norden des Beckens von Mexiko, der wohl historisch ergiebigsten Quelle dieses Typs, sind Traditionen oft widersprüchlicher Art aus verschiedenen Gebieten vereinigt [John Bierhorst (Übers.), History and Mythology of the Aztecs, the Codex Chimalpopoca, Tucson/AR 1992]. Aus dem südlichen Becken von Puebla, aus Cuauhtinchan, stammt die *Historia Tolteca-Chichimeca* [Faksimile-Ausgabe mit spanischer Übersetzung und Kommentar: Paul Kirchhoff, Lina Odena Güemes, Luis Reyes García, Historia Tolteca Chichimeca, México 1976].

Das umfangreichste Werk in aztekischer Sprache bilden die verschiedenen Schriften des Domingo Francisco de San Antón Muñón Chimalpahin Quauhtlehuanitzin, eines vornehmen Indianers aus der Region von Chalco, die im frühen 17. Jahrhundert verfaßt wurden. Eine verläßliche, vollständige Übersetzung steht noch aus [deutsch: Walter Lehmann, G. Kutscher (Übers.), Das Memorial breve acerca de la fundación de la Ciudad de Culhuacan, Stuttgart 1958]. Indianische Autoren verfaßten umfangreiche, von zeitgenössischer europäischer Literatur beeinflußte Geschichtsdarstellungen in spanischer Sprache, allerdings oft sehr fehlerhaft: Im Mittelpunkt des breit erzählenden, überaus inhaltsreichen, zweifellos aber auch anachronistisch ausgeschmückten Werkes von Hernando Alvarado Tezozomoc, eines Abkömmlings der aztekischen Herrscherfamilie [Crónica Mexicana, hrsg. von Manuel Orozco y Berra, México 1878], steht die Etablierung und Expansion der aztekischen Herrschaft. Aus dem Herrscherhaus von Tetzcoco stammt Fernando de Alva Ixtlilxochitl, der fünf einander überlappende und ergänzende historische Abhandlungen verfaßte, in deren Mittelpunkt die zuletzt mit den Mexica verbündeten

Acolhua im Ostteil des Beckens von Mexiko stehen [Das Buch der Könige von Tezcuco, hrsg. von H. G. Bonte, Leipzig 1930].

c) Werke spanischer Autoren oder Kompilatoren
Nach der Herkunft der verarbeiteten Informationen bilden die Werke spanischer Autoren zwei große Gruppen: Geschichtswerke, die ähnlich den zuvor geschilderten von indianischen Autoren auf der autochthonen Tradition beruhen, und solche, die aus der eigenen Erfahrung und Anschauung ihrer Verfasser geschrieben sind. Wie stark die Verfasser der ersten Gruppe dabei auf die von ihnen vermittelten Inhalte und deren Darstellungsweise Einfluß genommen haben, ist unterschiedlich und im einzelnen oft nicht genau zu bestimmen. Ein sehr frühes Beispiel ist die *Historia de los mexicanos por sus pinturas* [Angel María Garibay K., Teogonía e historia de los mexicanos, 2. Aufl., México 1973, 23–79] eines unbekannten Franziskaners, die auf den Erläuterungen indianischer Bildhandschriften beruht. Unter ihrem eigenem Namen verfaßten zahlreiche Angehörige der Bettelorden Geschichtsdarstellungen, oft mit der deutlichen Absicht, die indianischen Kulturen der Vergangenheit in einem für Christen günstigen Licht erscheinen zu lassen: Als einer der ersten Missionare, schon 1524 nach Neuspanien gekommen, berichtete Toribio de Benavente, genannt Motolinia, aus erster Hand um 1540 in seinem verschollenen *De moribus indorum* [rekonstruktive Edition: Toribio de Benavente o Motolinia, Memoriales o libro de las cosas de la Nueva España y de los naturales de ella, hrsg. von Edmundo O'Gorman, México 1971]. Aus dem frühen 17. Jahrhundert stammt das monumentale zusammenschauende Werk *Los veinte y un libros rituales y monarquía indiana* ... des Franziskaners Juan de Torquemada, der sich die Rechtfertigung der der Missionierung unterlegenen indianischen Kultur als Aufgabe gestellt hatte [Monarquía indiana, hrsg. von Miguel León Portilla, 7 Bde., México 1983].

Von zentraler Bedeutung für das Verständnis der aztekischen Kultur ist die beeindruckende *Historia general de las cosas de Nueva España*, die der Franziskaner Bernardino de Sahagún zunächst in aztekischer Sprache weitgehend wörtlich nach den Aussagen der von ihm befragten Indianer aufzeichnete, dann philologisch kommentierte und ins Spanische übersetzte [Aztekischer Text mit engl. Übersetzung: Bernardino de Sahagún, Florentine Codex: General history of the things of New Spain, hrsg. von Arthur J. O. Anderson, Charles E. Dibble, 13 Bde., Santa Fe/NM, 1950–1982; Spanischer Text: Bernardino de Sahagún, Historia general de las cosas de Nueva España, hrsg. von Angel María Garibay K., 4 Bde., México 1956, gleiche Kapitelgliederung in beiden Fassungen]. Sein Werk, mit dem er der Mission eine zuverlässige Kenntnisgrundlage schaffen wollte, genießt heute hohes Vertrauen.

Den frühesten umfassenden Bericht über Geschichte und Kultur des aztekischen Reiches verfaßte in der zweiten Hälfte des 16. Jahrhunderts der als Kind nach Mexiko gekommene Dominikaner Diego Durán [engl. Übers.: The history of the Indies of New Spain, hrsg. v. Doris Heyden, Norman/OK 1994], der die aztekische Sprache von klein auf beherrschte.

Der historische Teil seines Werkes hängt stark mit dem des Indianers Tezozomoc zusammen. Zahlreiche Quellen sind nur aus Zitaten und Hinweisen von Zeitgenossen bekannt, aber nicht mehr erhalten.

Werke von nicht geistlichen Autoren zur autochthonen Kultur sind selten. Wichtig für die soziale Ordnung ist eine Kompilation anderer, meist nicht erhaltener Schriften durch den Kronbeamten Alonso de Zorita [gekürzte engl. Übers.: Life and labor in ancient Mexico, hrgs. von Benjamin Keen, New Brunswick/NJ 1963].

d) Quellen zur Conquista und zur Kolonialzeit

Einzelne Teilnehmer des spanischen Eroberungszuges gegen das Aztekenreich verfaßten Schilderung der Kriegsereignisse, die zugleich auch als die einzigen Augenzeugenberichte aus europäischer Sicht über die noch (fast) intakte indianische Kultur informieren. Bei der Bewertung darf die Interessenslage der Autoren nicht vergessen werden. Die aus mehreren langen Berichtsbriefen an den König bestehende Darstellung der Eroberung und der angetroffenen indianischen Kultur durch Hernán Cortés ist von zentraler Bedeutung, weil von einem gebildeten Verfasser aus der direkten Erfahrung und beinahe gleichzeitig geschrieben wurde, auch wenn die mit den Briefen verfolgte politische Absicht klar ist [Hernán Cortés, Die Eroberung Mexicos, eigenhändige Berichte an Kaiser Karl V., 1520–1524, Frankfurt (Insel) 1979, dazu: Claudine Hartau, Hernando Cortés, Hamburg 1994]. In Opposition zu ihm (aber unter starker Verwendung seiner Schriften) und aus beträchtlicher zeitlicher Distanz schrieb Bernal Díaz del Castillo seine *Historia verdadera de la conquista de la Nueva España* [deutsch (gekürzt): Geschichte der Eroberung von Mexico, hrgs. von Georg A. Narciß, Frankfurt 1987].

Die Quellen zur indianischen Situation während der Kolonialzeit sind überaus zahlreich. Hierbei handelt es sich in erster Linie um Dokumentenmaterial der kolonialen Verwaltung, deren besonderes Interesse zunächst den erzielbaren Einkünften galt, wobei aber auch zahlreiche andere Themen am Rande gestreift werden. Die umfassendsten Angaben stammen aus den sogenannten Relaciones Geográficas, Antworten, die die lokalen Verwaltungsbehörden ab 1577 auf standardisierte Fragebogen lieferten, in denen 50 Fragen zu Geographie, Klima, Fauna, Flora und Bodenschätzen, zur Wirtschaft und Geschichte gestellt waren [René ACUÑA (Hrsg.), Relaciones Geográficas del siglo XVI, México 1981–88].

Daneben steht eine gewaltige Menge an Aktenmaterial zu einzelnen Vorgängen, das vielfach eine quantifizierende Analyse kolonialzeitlicher Zustände zuläßt: Hierbei sind zwei Arten von Dokumenten auch nach der erforderlichen Interpretationsweise zu unterscheiden: Von König oder Vizekönig ausgehende Anordnungen an koloniale Behörden mit Gesetzeskraft sind von direktem Informationsgehalt, sofern in ihnen indianische Institutionen in ihrer Weiterexistenz beschrieben, bestätigt, modifiziert oder aufgehoben werden. Aus ihnen läßt sich aber auch indirekt auf bestimmte Zustände schließen, wenn sich die Anordnungen ausdrücklich oder implizit gegen diese wenden [Umfangreichste gedruckte Sammlung: Recopilación de Leyes de los Reynos de las Indias ..., 4 Bde., Madrid

137

1681. Faksimileedition: Madrid 1973], wobei zunächst unwesentlich ist, ob diese überhaupt zur beabsichtigten Wirkung kamen. Die zweite, viel größere Gruppe bilden Schriftstücke unterschiedlichster Thematik aus Amtshandlungen aller Art, die in Archiven in Spanien und Mexiko, aber auch anderswo aufbewahrt werden. Sie sind nur zu einem verschwindenden Teil in einigen großen Dokumentensammlungen veröffentlicht.

In Rechsstreiten wurden vielfach Dokumente mit bilderschriftlichen Komponenten vorgelegt, die unübersehbar die indianische Position vertreten [Beispiel: Perla Valle P., Memorial de los indios de Tepetlaoztoc o Códice Kingsborough, México 1993].

Historische Gesamtdarstellungen von Autoren der (frühen) Kolonialzeit sind nicht zahlreich. Gut vertreten sind vor allem Schriften über die Mission, in denen jedoch ein übergroßes Gewicht auf irrelevante und vermutlich nicht authentische Einzelschicksale frommer Indianer gelegt wird. Wichtigster Autor für die Missionsgeschichte ist der Franziskaner Gerónimo de Mendieta, der aber auch Aspekte der autochthonen Kultur einschließt [Historia ecclesiástica indiana, obra escrita a fines del siglo xvi, hrsg. von Joaquín García Icazbalceta, México 1945].

2. Weiterführende verarbeitende Literatur

Die wissenschaftliche Literatur zum alten Mexiko und insbesondere den Azteken ist sehr umfangreich. Die Forschung schreitet rasch voran und viele (teilweise noch im Handel befindliche) Veröffentlichungen sind längst überholt. Deshalb wird hier eine Auswahl empfehlenswerter Literatur gegeben, die die Darstellung dieses Buches ergänzt und erweitert. Es werden vorzugsweise Bücher und nur besonders wichtige Zeitschriftenartikel genannt. Die meisten Veröffentlichungen sind englischer oder spanischer Sprache abgefaßt und nur in großen Bibliotheken zu finden.

Weiterführende Literatur kann aus der umfangreichen kommentierten Bibliographie im regelmäßig erscheinenden Handbook of Latin American Studies (auch im Internet zu konsultieren als HLAS Online) entnommen werden.

Übersichtsdarstellungen
Davies, Nigel: Die Azteken. Düsseldorf 1974 [breite und gut begründete Schilderung der aztekischen Geschichte, beruht vor allem auf den Schriften Tezozomocs und Duráns]
Townsend, Richard F.: The Aztecs. London 1992

Frühzeit
Duverger, Christian: L'origine des aztèques. Paris 1983 [vorzügliche Abhandlung, auch in spanisch erschienen]

Handel und Tribut
Berdan, Frances F.: La organización del tributo en el imperio azteca. Estudios de Cultura Náhuatl 12 (1976) 185–93
Hassig, Ross: Trade, tribute, and transportation, the sixteenth-century political economy of the Valley of Mexico. Norman/OK 1985

Krieg

Hassig, Ross: Aztec Warfare, imperial expansion and political control. Norman/OK 1988 [Die unter militärtechnischen Gesichtspunkten rekonstruierten Eroberungszüge beruhen vielfach auf zu weitgehender oder fehlerhafter Auswertung der Quellen]

Sozialer Aufbau

Carrasco P. Pedro: Social organisation of ancient Mexico, in: Handbook of Middle American Indians, Bd. 10, Austin/TX 1970, 349–75 [Standardwerk]
– Royal marriages in Ancient Mexico. In: H.R. Harvey und Hanns J. Prem (Hrsg.), Explorations in Ethnohistory, indians of Central Mexico in the sixteenth century, Albuquerque/NM 1984, p. 41–82 [Heiratspolitik als Mittel zur politischen Bindung]
Carrasco P., Pedro, Johanna Broda (Hrsg.): Estratificación social en la Mesoamérica prehispánica. México 1976
Hicks, Frederic: Pre hispanic background of Colonial Political and economic organization in Central Mexico, in: Handbook of Middle American Indians, Supplement 4, Austin/TX 1986, 35–54 [Übersicht unter Berücksichtigung neuer Forschungen]
Hinz, Eike: Das Aztekenreich: soziale Gliederung und institutioneller Aufbau. In: Ulrich Köhler (Hrsg.), Altamerikanistik, Berlin 1990, p. 189–205

Religion und Weltbild

Caso, Alfonso: The Aztecs: People of the sun. Norman/OK 1956
Carrasco, David: Aztec religion, in: Encyclopedia of Religion, Bd. 2, New York/NY 1987, 23–29 [sowie weitere Einzelartikel]
Graulich, Michel: Mythes et rituels du Mexique ancien préhispanique, Bruxelles 1987 [sehr umfangreiche Darstellung, auch spanische Ausgabe]
Lanczkowski, Günther: Götter und Menschen im alten Mexiko. Freiburg 1984
Nicholson, Henry B.: Religion in pre-Hispanic Central Mexico, in: Handbook of Middle American Indians Bd. 10, 395–446, Austin/TX 1971 [beste moderne Übersicht]
León-Portilla, Miguel: The Aztec image of self and society, an introduction to Nahua culture. Salt Lake City/UT 1991

Aufbau des Reiches

Barlow, Robert H.: The extent of the Empire of the Culhua Mexica. Berkeley/CA 1949 [weitgehend überholter erster Rekonstruktionsversuch]
Carrasco, Pedro: Estructura político-territorial del Imperio tenochca, la triple alianza de Tenochtitlan, Tetzcoco y Tlacopan. México 1996 [Umfassende und ins Detail gehende Analyse]
Bray, Warwick: The city state in Central Mexico at the time of the Spanish Conquest. Journal of Latin American Studies 4 (1972) 161–85
Broda, Johanna: Aspectos socio-económicos e ideológicos de la expansión del estado Mexica. Revista de la Universidad Complutense 28 (1979) 73–94

Calnek, Edward E.: Patterns of empire formation in the Valley of Mexico, late postclassic period, 1200–1521, in: G. Collier, R. Rosaldo, J. Wirth (Hrsg.), The Inca and Aztec States 1400–1800: Anthropology and history, New York/NY 1982, 43–62
– Settlement pattern and chinampa agriculture at Tenochtitlan, American Antiquity 37 (1972) 104–15
– The city-state in the Basin of Mexico: Late pre-Hispanic period, in: R. Schaedel, J. E. Hardoy, N. Scott Kinzer (Hrsg.), Urbanization in the Americas from its beginnings to the present, The Hague 1978, 463–470
Conrad, Geoffrey W., Arthur A. Demarest: Religion and empire, the dynamics of Aztec and Inca expansionism. Cambridge/MA 1984
Hicks, Frederic: Subject states and tribute provinces, the Aztec empire in the northern Valley of Mexico. Ancient Mesoamerica 3 (1992) 1–10 [Tributprovinzen entsprechen nicht den abhängigen politischen Einheiten]
Hodge, Mary: Aztec city-states (Studies in American Ethnohistory & Archaeology 3). Ann Arbor/MI 1984
Schroeder, Susan: Chimalpahin & the kingdom of Chalco. Tucson/AZ 1991 [politische und soziale Organisation auf der Grundlage der Schriften des indianischen Autors]

Historische Analyse
Davies, Nigel: The Aztec Empire, the Toltec resurgence. Norman/OK 1987

Biographien
Burland, Cottie A.: Montezuma, Herrscher der Azteken, 1467–1520. 2. Aufl. Würzburg 1976 [Motecuzoma II.]
Gillmor, Frances: Flute of the Smoking Mirror, a portrait of Nezahualcoyotl – poet-king of the Aztecs. Salt Lake City/UT 1983 [Nezahualcoyotl, Herrscher von Tetzcoco]
– The king danced in the marketplace. Tucson/AR 1964 [Motecuzoma I.]
Haberland, Wolfgang: Moctezuma II. (Montezuma), Die Großen der Weltgeschichte Bd. 5, S. 614–629. Zürich 1973
Romero Giordano, Carlos: Moctezuma II, el misterio de su muerte. México D. F. 1986 [Quellenaussagen zum Tod Motecuzomas II.]
Toscano, Salvador: Cuauhtemoc. México 1953
Zantwijk, Rudolf van: ‚Met mij is de zon opgegaan‘, de levensloop van Tlacayelel (1398–1478), de stichter van het Azteekse Rijk. Amsterdam 1992 [Tlacaelel, Cihuacoatl von Tenochtitlan]

Die Conquista
Martínez, José Luis: Hernán Cortés. México 1990
Thomas, Hugh: Die Eroberung Mexikos. Cortes und Montezuma. Frankfurt 1998

Christliche Mission
Phelan, John Leddy: The millenial kingdom of the Franciscans in the New World. 2. Aufl. Berkeley/CA 1970

Ricard, Robert: The spiritual conquest of Mexico, an essay on the apostolate and the evangelizing methods of the mendicant orders in New Spain, 1523–1572. Berkeley/CA 1966

Indianer in der Kolonialzeit (besonders Azteken)
Gibson, Charles: The Aztecs under Spanish rule, a history of the Indians of the Valley of Mexico, 1519–1810. Stanford/CA 1964 [Standardwerk mit gewaltigem Detailreichtum]
– Tlaxcala in the sixteenth century. Stanford/CA 1967
Haskett, Robert: Indigenous rulers, an ethnohistory of town government in colonial Cuernavaca. Albuquerque/NM 1991
Kellogg, Susan M.: Kinship and social organization in early colonial Tenochtitlan. In: Handbook of Middle American Indians, Supplement 4: 103–121, Austin/TX 1986
Kubler, George: Mexican architecture of the sixteenth century. New Haven/CO 1948.
Lockhart, James: Nahuas and spaniards, postconquest Central Mexican history and philology, Los Angeles/CA 1991
– The Nahuas after the conquest, a social and cultural history of the indians of Central Mexico, sixteenth through eighteenth centuries. Stanford/CA 1992
Mörner, Magnus: Estado, razas y cambio social en la Hispanoamérica colonial. México 1974.
Prem, Hanns J.: Milpa y Hacienda, La tenencia de la tierra indígena y española en la cuenca del Alto Atoyac, Puebla, México, (1520–1650). Wiesbaden 1978, 2. Aufl. México 1988
Simpson, Lesley Bird: The encomienda in New Spain. 3. Aufl. Berkeley/CA 1966 [enthält insgesamt guten Überblick über die koloniale Situation]
Zavala, Silvio: New viewpoints on the Spanish colonization of America. Philadelphia 1943

Die frühen Vizekönige
Ruiz Medrano, Ethelia: Gobierno y Sociedad en Nueva España, Segunda Audiencia y Antonio de Mendoza. México 1991
García-Abasolo, Antonio F.: Martín Enriquez y la reforma de 1568 en Nueva España. Sevilla 1983
Sarabia Viejo, María Justina: Don Luis de Velasco, virrey de Nueva España, 1550–1564. Sevilla 1978

Register

Bei Personen der Kolonialzeit sind Lebensdaten hinzugefügt, Daten vorspanischer Personen sind der Genealogietabelle zu entnehmen. Bei Orten steht der moderne Name in runder, der moderne mexikanische Bundesstaat in eckiger Klammer; BM = Becken von Mexiko. Azteken und Tenochtitlan sind nicht aufgenommen.

Acamapichtli 26, 77
Acolhua', Ethnie [BM] 71–72, 73
Acolhua'can, Gebiet der Acolhua' 10, 19, 26, 64, 72, 74, 77 f., 80 f., 84 f., 87, 104
Adel 20 ff.
Aguilar, Jerónimo de (1489–1531) 107, 111
Ahuilizapan (Orizaba) [Veracruz] 92
Ahuitzotl 42, 49, 98–101
Alva Ixtlilxochitl, Hernando, ind. Autor (1580–1648) 71–73, 93
Alvarado, Pedro de (1485–1541) 113
Arbeitseinsatz 28, 42, 44
Atlixcatl, Thronprätendent von Tenochtitlan 49
Atonal, Herrscher von Coaixtlahua'can 91
Atotoztli, Tochter Motecuzomas I. 94
Audiencia, spanische Gerichts- und Verwaltungsbehörde 117–119
Axayacatl 49, 94–97
Azcapotzalco [BM] 28, 71, 80, 83, 84
Azteca', ursprünglicher Name der Mexi'ca' 9
Aztlan, Ursprungsort der Azteca' 9, 10, 55, 60–64
Ballspiel 32, 69
Bauern 47, 49–51
Bevölkerungszahl 29, 123–124
Bilderhandschriften 11, 56, 58–59, 72, 95
Blumenkrieg 49, 92–93, 101
Cabecera, koloniale Regionalhauptstadt 120
Cacama, Herrscher von Tetzcoco 18–19, 104
calmecac, indianische Schule 48
calpixqui, Tributverwalter 28, 45
calpolli, landbesitzende korporative Einheit 50–51, 61
Cempoallan [Veracruz] 109

Chalco [BM] 64, 78, 80–91, 111
Chapultepec [BM] 70–71, 74, 87
Chichimeken, ethnische Gruppe 64
Chicomoztoc, Herkunftsort zentralmexikanischer Ethnien 61
Chimalpahin, Domingo, indianischer Autor (1579–1660) 73
Chimalpopoca 82
chinampas, Hochbeete 34, 76
Chollolan [Puebla] 22, 35, 41, 93, 105, 110
cihuacoatl, hohes Amt in Tenochtitlan 23, 36, 83, 89, 97
Clavigero, Francisco Xavier, SJ, Autor (1731–1787) 10
Coaixtlahua'can (Coixtlahuaca) [Oaxaca] 52, 91
Coatepetl, Berg nahe Tollan 31
Coatlichan [BM] 26, 77–78, 84
Coatlicue, aztekische Göttin 64
Coatolco (Huatulco) Oaxaca 95
Cofradía, Bruderschaft 130–132
Cohuanacoch, Sohn Nezahualpillis von Tetzcoco 104
Colhua'can [BM] 10, 18, 28, 36, 60–64, 68, 73–78
Copilli, mythische Gestalt 74, 75
Corregimiento, koloniale Verwaltungsform 120
Cortés y Moctezuma, Leonor 49
Cortés, Hernán (1485–1547) 12, 16, 30, 33, 49, 106–119
Coyohua'can [BM] 82, 85, 116
Coyolxauhqui, Göttin 31, 65
Cuacuauhpitzahuac, Herrscher von Tlatelolco 77–78
Cuahua'can (Cahuacan) [BM] 87
Cuauhnnahuac (Cuernavaca) [Morelos] 78–79, 87
Cuauhtemoc 49, 103 f., 114 f., 117
Cuauhtinchan [Puebla] 79–80, 91–92
Cuauhtitlan [BM] 74

Cuauhtla' [Morelos] 87
Cuauhtla'toa, Herrscher von
 Tlatelolco 83–84
Cuauhximalpan (Guajimalpa) [BM] 87
Cuetlaxtlan (Cotastla) [Veracruz] 95
Cuitlahuac II. 49, 114
Cuitlahuac [BM] 64, 87
Díaz del Castillo, Bernal, Eroberer
 und Autor (1496–1584) 11, 107
Dreibund, aztekischer 19, 23, 26, 28,
 36, 40, 43, 87, 121
E'ecatl, Windgott 54
Encomienda, koloniale Verwaltungs-
 form 118–119, 120–121
Expansion, aztekische 35–38, 40
Fernhandel 38, 42–45, 51, 52, 100
Feste, religiöse und zivile 21, 28, 32
Franziskaner 51, 127, 129
Frauen 48, 49, 57
Garnison, aztekische 22, 41
Gericht 26, 36, 49, 51, 128
Geschichtsschreibung 12–15
Götter 21, 53, 54, 56
Grijalba, Juan de (1480–1527) 106 f.
Handel 31, 34 f., 39, 42, 45, 52 ff., 123
Handwerk 34, 42, 47–52, 66, 129
Heer 22, 38, 45
Heiliges Bündel = tlaquimilolli
Hernández de Córdoba, Francisco
 (1475–1518) 106
Herrscher, indianische 19–28, 42,
 48, 51, 52, 77
Huaxteken, Ethnie [Veracruz] 99
Huemac, Herrscher von Tollan
 67–69, 70
Huexotla' [BM] 26, 81
Huexotzinco [Puebla] 22, 35, 63–64,
 81, 83–84, 93, 101, 105, 111
Huexyacac (Oaxaca) 91
Huitzilihuitl 74, 78, 79, 81–83
Huitzilopochtli, aztekischer Gott 31,
 55, 61–65, 68, 74–75, 79, 92
Ilancueitl, Frau des Acamapichtli
 von Tenochtitlan 78
Itzcoatl 36, 82–84, 86, 89, 90
Ixtlilxochitl I. Herrscher v. Tetzcoco
 81
Ixtlilxochitl II., kolonialer Herrscher
 von Tetzcoco 26, 104, 114
Kalender 56, 66
Kanäle 31, 33, 34

Krieg 21, 22, 28, 34–41, 45, 46, 51
Landbesitz 47–51, 86, 124, 130–131
Las Casas, Bartolomé de, O.P.
 (1474–1566) 119
macehualli, nicht–adliger Azteke 46
Malinalco [Morelos] 32, 64
Marina (Malinche), indianische
 Geliebte des Cortés 107, 111
Markt 21, 30, 33, 45, 52–57, 82, 114
Matlatzinca', Ethnie im Tal von
 Toluca 64, 71, 95
Maxixcatzin, Herrscher von
 Tlaxcallan 110
Maxtla, Herrscher von Azcapotzalco
 82–85
maye'que', besitzlose Landarbeiter 50
Mendieta, Jerónimo de, O.F.M.
 (1528–1604) 112
Menschenopfer 21, 32–33, 53–57, 65,
 91–92, 99
Mestizen 117, 125
Metallverarbeitung 57–58
Metztitlan, [Staat México] 22, 35, 98
Mexi'ca', Eigenbezeichnung der
 Azteken 9, 10, 18, 61
Michhua'can, Landschaft im
 mexikanischen Hochland 95, 114
Mixcoac [BM] 87
Miyahuaxihuitl, Frau des Huitzilihuitl
 79, 96
Mizquic [BM] 87
Moquihuix, Herrscher v. Tlatelolco 80
Motecuzoma I. 36, 62, 79, 83 f., 89–94
Motecuzoma II 18–19, 23, 30, 37, 40,
 42, 49, 101–105, 110–114
Nahuatl 10, 18, 21, 41, 57–60, 128,
 132
Narváez, Pánfilo de (1480–1528) 113
Nezahualcoyotl, Herrscher von
 Tetzcoco 81, 83–85, 94–97
Nezahualpilli, Herrscher von
 Tetzcoco 103–104
Nonoalca', Ethnie 67
Nopallan (Nopala) [Oaxaca] 102
Nopaltzin, Gründer von Tetzcoco 72
Oidor, hoher Kolonialbeamter 117
Opfer 31–33, 44, 57
Opfergefangene 38, 93, 102
Otomí, Ethnie 71, 73
Palast 20, 23, 30, 47 49, 116
Quetzalcoatl, Gott 54, 66–68, 112

Ramírez de Fuenleal, Sebastián,
  Bischof 119
Repartimiento, Zuweisung indiani-
  scher Arbeitskräfte an Spanier 122
Rückverteilung von Tributgütern 42
Sahagún, Bernardino de, O.F.M.
  (1494–1590) 64, 86, 128
Schulen 38, 48, 50, 51, 129, 132
Straßen 29, 31, 33, 87
Synkretismus 127–128
Tarasken, Ethnie in Michoacan
  95–96, 99–100, 114
Tecayehuatl, Herrscher von
  Huexotzinco 105
Tecuichpoch s. Cortés y Moctezuma,
  Leonor
Tehuacan [Puebla] 22
Tehuantepec [Oaxaca] 95
Tempel 20, 31–32, 39, 44, 48, 50,
  55, 57, 112, 116
Tenayocan [BM] 72, 76
Tenoch, Anführer der Azteken 77
Teotitlan, [Puebla] 22
Tepaneken, Ethnie [BM] 19, 28, 36,
  37, 64, 71, 76–78, 80–85, 87
Tepeyac, Heiligtum, heute
  Kathedrale von Guadalupe 128
Tepeyacac (Tepeaca) [Puebla] 92
Tetlepanquetza, Herrscher von
  Tlacopan 18–20
Tetzcoco [BM] 18, 19, 23–29, 35–37,
  43, 48, 49, 72, 81–84, 104
Tezcatlipoca, Gott 54, 68, 128
Tezozomoc, Herrscher von
  Azcapotzalco 77, 79–83
Thronfolge 23–26, 46, 99
Tizoc 97–98
tla'toani = Herrscher
Tlacaelel, erster *cihuacoatl* von
  Tenochtitlan 36, 83, 89, 97
tlacateccatl, hohes Staatsamt in
  Tenochtitlan 23, 27, 37, 49
Tlacateotl, Herrscher v. Tlatelolco 81f.
tlaco'tli = Sklave 52, 53
tlacochcalcatl, hohes Staatsamt in
  Tenochtitlan 23, 27, 37
Tlacopan [BM] 18, 19, 23–29, 43, 79,
  84, 87, 104
Tlaloc, aztekischer Regengott 31, 55
tlamama' = Lastträger 53
tlaquimilolli = Heiliges Bündel 55, 61

Tlatelolco, Schwesterstadt von
  Tenochtitlan 9–10, 27–34, 52,
  77–85, 87, 96, 103, 114–115, 129
Tlatlauhquitepec [Puebla] 92
Tlaxcallan, unabhängige Region 19,
  22, 35, 41, 81, 83, 91, 93, 99,
  101–105, 110, 114–115
tlaxilacalli, Stadtteil 51
Tliliuhquitepec [Puebla] 35, 101
Tlotzin Pochotl, Gründer der Dynastie
  von Tetzcoco 72
Tochpan (Tuxpan) [Veracruz] 91
Tochtepec (Tuxtepec) [Veracruz] 52
Tollan (Tula) [Hidalgo] 32, 54, 63,
  65–67, 70, 72–73
Tollantzinco (Tulancingo) [Hidalgo]
  91
Tollocan (Toluca) [Staat México] 71,
  95, 98
Tolteca–Chichimeca, Ethnie 67
Tolteken, Bewohner von Tollan 36,
  66, 68, 70–72, 77
Topiltzin, Herrscher v. Tollan 67–69
Totepeuh, Vater des Topiltzin 68
Totonaken, Ethnie [Veracruz] 109f.
Totoquihuaztli, Herrscher von Tlaco-
  pan 84, 87, 104
Tototepec [Oaxaca] 102
Tribut 28 f., 31, 34–45, 49, 53, 78, 82,
  84, 92, 111 f., 118, 120, 126, 130
Tzinacantlan [Chiapas] 52
Tzintzuntzan, Hauptstadt der
  Tarasken [Michoaean] 96
Tzitzipandácuare, Herrscher der
  Tarasken 95–96
Unabhängige Gebiete 35, 41
Xaltocan [BM] 73, 80
Xicallanco [Tabasco] 52
Xicotencatl, Herrscher v. Tlaxcallan
  127
Xipe Totec, Gott 55
Xiuhcoac [Veracruz] 91
Xochimilco [BM] 34, 64, 75, 87
Xoconochco [Chiapas] 100
Xolotl, Anführer der Chichimeken 72f.
Yacatecutli, Gott 54
Yopitzinco [Guerrero] 102
Zorita, Alonso de, Autor (1512–1585)
  51
Zumárraga, Juan de, O.F.M.
  (1468–1548) 118